_____ 님의 소중한 미래를 위해
이 책을 드립니다.

세네카의 인생 수업

살아갈 힘을 주는 세네카 아포리즘

세네카의 인생 수업

루키우스 안나이우스 세네카 지음 | 정영훈 엮음 | 정윤희 옮김

메이트북스

메이트북스 우리는 책이 독자를 위한 것임을 잊지 않는다.
우리는 독자의 꿈을 사랑하고,
그 꿈이 실현될 수 있는 도구를 세상에 내놓는다.

세네카의 인생 수업

초판 1쇄 발행 2024년 1월 3일
지은이 루키우스 안나이우스 세네카 **| 엮은이** 정영훈 **| 옮긴이** 정윤희
펴낸곳 (주)원앤원콘텐츠그룹 **| 펴낸이** 강현규·정영훈
책임편집 남수정 **| 편집** 안정연·최주연 **| 디자인** 최선희
마케팅 김형진·이선미·정채훈 **| 경영지원** 최향숙
등록번호 제301-2006-001호 **| 등록일자** 2013년 5월 24일
주소 04607 서울시 중구 다산로 139 랜더스빌딩 5층 **| 전화** (02)2234-7117
팩스 (02)2234-1086 **| 홈페이지** matebooks.co.kr **| 이메일** khg0109@hanmail.net
값 14,500원 **| ISBN** 979-11-6002-418-0 03100

인생은 짧은 이야기와 같다.
짧은 이야기에서 중요한 것은
이야기의 길이가 아니라
그 내용이 얼마나 훌륭한가 하는 점이다.
인생도 마찬가지다.

- 세네카(조앤 롤링이 하버드대 졸업식 축사에서 인용) -

내면이 충만한 삶을 살기를 기원합니다!

'이렇게 살아도 되는 걸까' 하는 걱정과 회한이 드나요? 미래에 대한 걱정으로 잠 못 이루는 밤이 늘어나고 있나요? 산다는게 때로는 너무 고통스럽고 힘든가요? 경제적으로는 많이 나아졌는데도 공허함과 권태감이 들어 방황하는 시간이 부쩍 길어지고 있나요? 순간적으로 치미는 분노를 참지 못하고 폭발해버려 다음 날이면 그런 내가 너무 싫고, 소중한 주변 사람들마저도 많이 힘들게 하고 있나요?

이런 마음의 위기로 현재의 삶이 만족스럽지 않다면, 삶의의미를 찾기가 어렵다면, 행복이란 감정을 느끼기가 어렵다면이 책을 읽어보길 권합니다. 내 마음의 창고를 들여다보는 시간이 당신에게 꼭 필요한 때입니다.

후기 스토아철학을 대표하는 철학자이자 로마 제정시대 정치가로서 네로 황제의 오랜 스승이기도 했던 세네카는 12편의 에세이와 한 편의 편지 〈루킬리우스에게 보내는 도덕 편지(Epistulae Morales ad Lucilium)〉를 통해 몇천 년의 세월 동안 우리에게 크나큰 가르침을 남겨주었습니다.

세네카의 철학적 저서는 특히 16~18세기에 널리 애독되었고, 특히 몽테뉴에게 강한 영향을 주었습니다. 그가 남긴 여러 작품들은 수천 년간 라틴어 원전 교재로 주로 사용되었고 이것은 오늘날까지 이어질 정도로 상당히 수준 높다는 평을 받고 있습니다. 서양 라틴어문화권에서는 세네카의 작품들이 키케로의 작품들, 아우렐리우스의 저작과 함께 서양 고전의 표준으로 여겨질 정도입니다.

이 편역서 『세네카의 인생 수업』은 세네카가 남긴 12편의 에세이 중에서도 대표적인 6편의 에세이, 즉 〈인생의 짧음에 관하여(De Brevitate Vitae)〉〈섭리에 관하여(De Providentia)〉〈행복한 삶에 관하여(De Vita Beata)〉〈화에 관하여 Ⅰ(De Ira Ⅰ)〉〈화에 관하여 Ⅱ(De Ira Ⅱ)〉〈화에 관하여 Ⅲ(De Ira Ⅲ)〉을 한 권으로 엮어 펴낸 책입니다.

편역서의 특성상 현대의 독자들이 이해하기 힘들거나 시대적·역사적·문화적으로 거리가 먼 내용들은 과감히 삭제하고, 현대인에게 가장 필요한 알맹이 내용만 골라서 소개하게 되었음을 알려드리는 바입니다. 또한 이 책의 목차도 세네카의 에세이 6편을 편역하는 과정에서 완전히 새롭게 재구성했으며, 각 칼럼의 제목도 원서에는 전혀 없었으나 편역 과정에서 새롭게 추가해 독자들의 이해를 돕고자 했습니다. 그리고 원서의 서술 방식도 일부 바꾸었는데, 가령 〈화에 관하여〉의 경우 세네카가 동생 노바투스에게 전하는 서간문 형태의 에세이인데, 이 편역서에서는 이를 일반적인 에세이 문체로 수정했음을 밝힙니다.

로마 시대 당시 벌어졌던 여러 가지 음모와 투쟁, 그리고 광기 어린 행동을 직접 겪어왔던 세네카는 어떻게 하면 인간의 심리를 꿰뚫고 이들을 구원할 수 있을지 고민해온 '삶의 철학자'로 불립니다. 그가 속했던 스토아학파도 노년과 죽음, 마음과 행복, 돈과 명예, 화와 용서 등 인생의 현실적인 명제들에 대한 질문을 던지고 해답을 찾으려고 노력했습니다. 현대 사회가 더욱 진행되어갈수록, 그리고 나이가 들어갈수록 스토아철학이 더욱 와닿게 되는 건 '진짜 나'에 대해 이야기해주기 때문입니다.

이 책의 1장에서 세네카는 인생이 너무 짧다고 한탄하며 자신의 삶에 만족하지 못하는 사람들을 위해서 마음의 평정을 가지는 것이 중요하다고 주장합니다. 언제 어디서든 마음의 평정만 유지할 수 있다면 스스로의 삶에 만족할 수 있으며, 이는 죽음과 불행을 늘 염두에 두고 살아갈 때만이 가능하다고 말합니다.

1장에서 세네카는 스토아학파의 대표적인 철학자답게 미덕을 추구하며 자연의 섭리에 맞추어 살다 보면 가치 있는 삶을 살아갈 수 있다고 말합니다. 또한 운명의 여신을 따르고 올바른 이성적 판단을 행할 것을 강조하는데, 특히 세네카는 유한한 인생과 죽음에 대해서 인간이 취해야 할 태도에 최대의 관심을 기울인 철학자로 정평이 나 있습니다.

이어 이 책의 2장에서 세네카는 지나친 욕심과 쓸데없는 일로 인생을 허비하고 있는 사람들에게 따끔한 충고를 남깁니다. 값진 인생을 산다는 것은 비단 얼마나 오래 사느냐가 아니라 얼마나 알찬 시간을 보내느냐에 따라 결정된다는 것이죠. 그는 철학을 통해서 역사적으로 위대한 현인들과 교류하고 이들의 경험을 통해 자신에게 주어진 인생을 더욱 소중하게 보내라고 일갈합니다. 오롯이 내 것인 것이 얼마나 되는지 내 인생의 창고를 들여다보고, 내게 주어진 시간을 소중히 보내면서 욕심을 버리고 숭고한 목표를 위해 나아간다면, 정작 나를 위한 시간 없이 바쁘게만 살아가 한없이 허무하게만 느껴졌던 삶을 다른 시각에서 볼 수 있을 것입니다.

2장을 통해 고난과 불행을 대하는 우리의 마음가짐도 재정비할 수 있습니다. 우리는 마음의 평온을 찾고 건강하게 오랫동안 살기 위해 고군분투합니다. 열심히 일하면서 언젠가 평온하고 안정된 삶을 살 수 있을 거라고 꿈꾸지만 살면서 닥치는 갖가지 고난을 이기지 못하고 좌절하기도 합니다. 어느 정도 살 만한가 싶을 때 병에 걸리거나 죽음이 가까이 닥쳐서 슬퍼하는 사람도 있습니다. 2장에서 전하는 세네카의 충고처럼, 진정한 미덕을 추구하며 나에게 주어진 삶이 그저 하늘이 준 선물이라고 여기고 언제든 주인에게 내어줄 수 있다는 생각으로 살아간다면 어떨까요?

이 책의 3장에는 쾌락이 아닌 미덕을 따르라는 세네카의 메시지를 담았습니다. 세네카는 타고난 육체적인 본성과 자연의 욕구를 세심하고 용감하게 지켜내야만 진정 쓸모 있는 것으로 만들 수 있다고 강조합니다. 다만 이것은 우리가 육체적 본성과 자연의 욕구의 노예가 되지 않고, 다른 것들이 우리를 장악하지 못하도록 하며, 육체적인 쾌락을 주는 것들과 낯선 것들에게 주도권을 내주지 않고 정해진 자리에 머물도록 할 때만 가능합니다.

3장에서 세네카는 미덕이 맨 앞자리에서 기준점을 잡을 수 있도록 해야 한다고 말합니다. 그렇다고 쾌락을 포기한다는 의미는 아닙니다. 그저 미덕이 주인이 되어 쾌락을 조절하도록 만드는 것일 뿐이죠. 쾌락은 우리에게 간청할 수 있지만 강요할 수는 없습니다. 반대로 쾌락에 맨 앞자리를 내어준 사람은 두 가지 모두를 잃게 될 것이라고 경고합니다. 먼저 미덕을 잃게 될 것이고, 또한 쾌락을 누리는 것이 아니라 쾌락에 종속되고 만다는 것이죠. 그러다 쾌락이 지나치면 숨이 막힐 것이고, 쾌락이 부족하면 고통을 겪게 될 것입니다.

이어 4장에서는 부와 소유에 대한 세네카의 철학을 엿볼 수 있습니다. 세네카 가문은 로마 제국 전역에서 손꼽히게 부유한 가문이기도 했습니다. 그 자신이 그렇게 큰 부자이면서 부와 소유의 덧없음을 강조하는 건 엄청난 모순 아니냐는 당대 사람들의 거센 비판에 직면한 그가 어떻게 반론을 전개해나가는지 들여다보는 재미가 쏠쏠합니다.

4장에서 세네카는 자신이 재산에 연연하지는 않지만 이를 소유하는 데 거부감이 없음을 밝힙니다. 그저 마음으로 소유하기보다는 행운의 여신이 가져다준 재산을 굳이 거부하지 않고 잘 간직해두었다가, 스스로 미덕과 선행을 실행함에 있어서 이를 잘 활용할 수 있기를 바랄 뿐이라고 말합니다. 나의 재산이 어느 정도이건 지나치게 인색하게 지키거나 정신없이 탕진하지 않을 것이며, 그 모든 것은 나의 소유물이 아니라 그저 현명함의 선물을 받은 것이라 생각하며, 잠시 빌린 것이기에 언젠가는 돌려주어야 할 것으로 여긴다고 말합니다.

마지막으로 5장에서 세네카는 화란 무엇이고 화로 인해 우리가 겪는 어려움과 잘못된 행동들은 무엇인지, 화를 이기지 못한 사람들과 잘 이겨낸 사람들의 예를 들어가며 철학적이고 현실적으로 직언하고 있습니다. 세네카의 말처럼, 화라는 감정은 고삐 풀린 망아지와 같아서 일단 화가 시작되면 그 후로는 나를 마음대로 다스리기가 힘듭니다. 누구는 화를 너무 참고 살아서 문제가 생긴다지만 너무 성급하게 화를 내는 바람에 그냥 지나가도 될 문제를 크게 만드는 경우가 다반사입니다.

이 책이 쓰인 시기는 한참 전이지만 아직도 우리는 화를 극복하지 못해 여러 가지 문제를 겪고 있습니다. 어찌 보면 5장에는 동시대를 살아가는 철학자나 심리학자의 글보다 더욱 와닿는 부분들이 많습니다. 세네카의 진심 어린 충고를 통해 화를 다스릴 수 있는 계기를 얻기를 바랍니다. 5장을 읽으면서 화의 노예가 된 자신을 뒤돌아보고 반성할 수 있는 계기를 얻을 수 있을 것입니다.

우리는 행복한 삶을 영위하기 위해서 오늘도 고군분투하며 살아가고 있습니다. 하지만 가끔은 내가 가진 행복이 남들보다 작은 것 같아서 많이 속상할 때도 있고, 급작스럽게 찾아온 고난을 이기지 못하고 크게 좌절하기도 합니다. 그럴 때마다 이 책에 소개된 세네카의 조언을 마음 깊이 새겨두면 어떨까요?

세네카의 철학과 함께한다면 언제 어디서든 그동안 누렸던 건강과 안락함을 감사히 여기며, 지금 닥친 고난을 이겨낸 후에 언젠가 다시 행복해질 수 있다는 믿음으로 살아가며, 아무리 힘든 일이라고 해도 영원히 나를 괴롭힐 수는 없기에 시간이 지나가면 모두 해결될 것임을 알게 될 것입니다. 그렇기에 당장 모든 것을 포기하고 싶다가도 다시 한번 일어설 수 있을 것입니다. 또한 내가 가진 이 모든 것들이 자연이 준 소중한 선물임을 알게 되고, 언젠가 내 앞에 죽음이 닥치면 순순히 내놓고 떠나야 한다는 점 또한 알게 될 것입니다.

『해리 포터』 시리즈를 내며 인생의 고난을 딛고 세계적인 작가가 된 조앤 롤링은 2008년 하버드대학교 졸업식에서 축사를 할 기회를 얻었습니다. 조앤 롤링은 축사의 마지막에 세네카의 명언을 인용하며 끝맺었습니다.

"여러분, 내일이 되어 오늘 제가 한 말을 한마디도 기억하지 못하더라도 세네카가 한 이 말만은 꼭 기억하시기 바랍니다. 세네카는 제가 직장에서의 승승장구라는 목표를 내팽개치고 고대 현인들의 지혜를 찾아 고전문학부 복도를 내달릴 때 마주쳤던 로마의 현인 가운데 한 분입니다. 세네카는 이렇게 말했습니다. '인생은 짧은 이야기와 같다. 짧은 이야기에서 중요한 것은 이야기의 길이가 아니라 그 내용이 얼마나 훌륭한가 하는 점이다. 인생도 마찬가지다.' 여러분께서 내면이 충만한 삶을 살기를 기원합니다. 감사합니다."

아무쪼록 이 책 『세네카의 인생 수업』을 통해 독자들이 내면이 충만한 삶, 훌륭한 삶, 행복한 삶, 후회 없는 삶을 살게 되길 진심으로 바랍니다!

엮은이 **정영훈**

Seneca

차례

1장
인생은 지금도 고요하게 흘러가고 있으니 잘 살아야 합니다

2장

나와의 시간을 확보하고
운명의 변덕에 초연해야 합니다

3장

덧없는 쾌락을 좇지 말고
이성적으로 행동해야 합니다

4장

현인은 부의 주인이 되지만
바보는 부의 노예가 됩니다

Seneca

1장

인생은
지금도 고요하게
흘러가고 있으니
잘 살아야 합니다

Seneca

지금 이 순간에도 인생은
빠르게 흘러가고 있습니다

그 누구도 지나간 세월을 돌려주지 않으며, 당신을 과거로 되돌려놓지도 못합니다. 우리 인생은 처음 시작점에서 그대로 흘러갈 것이며, 다시 되돌아가거나 멈추어 서지도 않을 것입니다.

인생이란 정확히 얼마나 빠른 속도로 가고 있는지 알려주지 않고 그대로 고요하게 흘러가는 것입니다. 왕의 지시를 받거나, 국민들이 간청한다는 이유로 인생이 더해지는 것도 아닙니다. 맨 처음 세상에 태어나서 인생을 시작한 대로 시간은 계속 달려가고, 방향을 바꾸거나 한곳에 머물지 않습니다.

그 결과는 어떠할까요? 우리는 정신없이 분주하고, 시간은 계속 흐르고 있습니다. 그러다 어느 지점에 이르면 원하든 원치 않든 마지막 순간을 맞이해야만 합니다.

가장 훌륭한 시인 베르길리우스(고대 로마의 시인으로 유럽을 대표하는 대서사시 『아이네이스』를 지음-옮긴이)는 신들로부터 영감을 얻은 후 우리를 위해 노래를 불렀습니다.

"가련하기 짝이 없는 인간의 인생에서 가장 빛나는 날은 제일 먼저 도망치기 마련이다."

베르길리우스는 말합니다.

"무얼 망설이는가? 왜 아무것도 하지 않는가? 그대가 시간을 붙잡지 않으면 시간은 저멀리 도망쳐버릴 것이다."

비록 우리가 시간을 붙잡는다고 해도 시간은 저만큼 도망치기 바쁩니다. 그렇기 때문에 우리는 날쌘 시간의 흐름에 맞추어 이를 재빨리 마셔야 하고, 언제 멈추어버릴지 모르는 거센 물살에서 물을 긷는 것처럼 행동해야 합니다.

베르길리우스는 '가장 빛나는 시절'이라는 표현 대신 '가장 빛나는 날'이라고 하며, 하루하루 헛되이 보내는 인간들의 실수를 점잖게 지적합니다. 시간은 시시각각 흘러가고 있는데 왜 그리 느긋하고 태평하게 한 달을, 한 해를 헛되이 보내고 있나요? 시인은 우리에게 주어진 하루, 즉 지금 이 순간에도 저만치 달아나고 있는 오늘에 대해 이야기하고 있습니다.

가련하기 짝이 없는 인간, 하루가 다르게 바삐 살아가는 인간들의 가장 빛나는 날이 제일 먼저 도망간다는 점에 대해 한 치라도 의심할 여지가 있나요?

여전히 마음은 소년과 같은데 어느덧 노년의 세월이 우리 앞에 다가오고, 아무런 준비나 대책도 없이 이 시기에 접어듭니다. 이렇게 갑자기 늙어버릴 거라고는 그 누구도 예상치 못했을 것입니다. 결국 우리는 인생의 마지막 시기가 한 걸음씩 다가오는 것을 알아차리지 못한 채 순식간에 노인이 되어버리고 맙니다.

여행을 떠난 사람들이 대화를 나누고 책을 읽고 생각에 깊이 잠겨 있다 보면 어느새 목적지에 도달하듯이, 분주한 하루를 보내다 잠에 들고 다시 깨어나는 순간에도 인생은 같은 속도로 빠르게 흐릅니다. 결국 인생의 끝자락에 이르러서야 이를 깨닫게 될 것입니다.

죽음의 포로가 되지 말고
죽음을 맞이해야 합니다

우리가 살고 있는 인생이 얼마나 짧은지 정말 알고 싶나요? 그렇다면 하루라도 더 살고 싶어 안달하는 사람들을 보세요!

살날이 얼마 남지 않은 노인들은 몇 년만 더 살게 해달라고 애걸합니다. 자기 나이보다 젊은 것처럼 행동하며 기쁨을 얻고, 자신을 기만해가며 운명조차 속일 수 있는 것처럼 행동하기도 합니다.

하지만 결국 본인의 나약함에 굴복하고 자신이 유한한 존재임을 깨달은 후, 겁에 질린 채로 살다가 마침내 죽음을 맞이합니다. 죽음을 맞는 것이 아니라 죽음에 의해 질질 끌려가는 것처럼 말입니다.

또한 지금까지 제대로 살지 못했고 너무 바보처럼 살았노라 후회하며 병상에서 일어날 수만 있다면 다시 제대로 인생을 즐기며 살겠다고 한탄합니다. 정작 제대로 누리지도 못할 것을 얻기 위해 기를 쓰며 살았던 것이 얼마나 헛된 일이었는지 돌이켜보며, 그간의 노력이 아무짝에도 쓸모없었던 것임을 마침내 깨닫게 되는 것입니다.

그렇다면 이런 사람들과는 반대로 여유를 가진 사람들의 삶은 한없이 길지 않을까요? 여유를 가진 사람들은 다른 무언가에 의해 생각이 좌우될 일도 없고, 마음이 사방에 흩어져 있지도 않습니다. 그게 무엇이든 간에 행운의 여신에게 기댈 일도, 무관심으로 인해 잃어버릴 일도, 괜한 선심을 쓰느라 낭비하는 일도, 쓸데없이 넘칠 일도 없습니다. 말하자면 그들은 인생 전체를 투자해 이익을 내고 있는 것입니다.

아무리 인생이 짧다는 말이 난무해도 충분히 즐기고 남을 정도만큼은 깁니다. 그래서 현인들은 인생의 마지막 순간이 닥쳐도 절대 서두르거나 머뭇거리지 않고 일정한 걸음을 내딛을 수 있는 것입니다.

수명이 짧은 게 문제가 아니라
시간을 낭비하는 게 문제입니다

많은 사람들이 자연의 짓궂은 섭리, 즉 '인생의 짧음'에 대해 불만을 토로합니다. 극히 제한적인 수명을 타고나는 것도 모자라서 그 짧은 한 번의 인생마저 눈 깜짝할 사이에 정신없이 지나가버리기 때문입니다. 그 때문에 극소수의 사람들을 제외하고 대부분은 인생을 준비하다가 어느 순간 삶의 끝자락에 도달하고는 합니다.

지극히 평범한 사람들과 무지한 대중들만 이러한 보편적인 자연 현상에 대해 안타까움을 눈물로 호소하는 것은 아닙니다. 한때 두각을 나타냈던 유명인들조차 인생의 덧없음에 대해 불평한 바 있습니다. 그래서 가장 유명한 의술가 히포크라테스('의학의 아버지'로 불리는 그리스의 의학자-옮긴이)도 "인생은 짧고 예술은 길다"라고 외쳤던 것입니다.

철학자 아리스토텔레스(고대 그리스에서 활동했던 철학자로 플라톤의 수제자-옮긴이)도 '인생의 짧음'이라는 자연의 섭리에 대해 불만의 목소리를 높인 바 있습니다.

"자연은 동물에게 인간의 다섯 배, 열 배가 넘을 만큼 넉넉한 수명을 주었다. 하지만 엄청난 업적을 성취하는 인간에게는 아주 짧은 수명을 정해주었다."

사실 인간의 수명이 짧은 것이 문제가 아니라 주어진 대부분의 시간을 낭비하는 것이 문제입니다. 우리의 인생은 충분히 길며, 이를 제대로 잘 활용한다면 위대한 과업을 이루고 남을 정도로 시간은 충분합니다. 하지만 방탕을 일삼고 무심하게 살며 옳지 못한 목적을 위해 시간을 소비한다면, 자기도 모르는 사이 인생은 그야말로 바람처럼 순식간에 지나가버립니다. 결국 죽음이라는 마지막 관문 앞에 도달한 뒤에야 그 사실을 너무 늦게 깨닫고 맙니다.

결과적으로 인간이 수명을 짧게 타고난 것이 아니라 스스로가 수명을 짧게 만드는 것이고, 인생이 짧은 것이 아니라 스스로가 인생을 낭비하고 있는 것입니다.

주체할 수 없을 정도로 엄청난 부를 가져도 주인을 잘못 만나면 금세 바닥나고, 미미한 재산이라도 주인을 잘 만나면 금세 불어납니다. 마찬가지로 우리가 타고난 수명도 적절히 활용한다면 충분히 풍요롭게 사용할 수 있습니다.

제대로 사용하는 법만 익히면
우리의 인생은 충분히 깁니다

당신은 타고난 수명이 짧다는 이유로 왜 자연에게 불평을 늘어놓나요? 자연은 앞서 우리에게 자애로움을 베풀었고, 제대로 사용하는 법만 익힌다면 인생은 충분히 깁니다.

그런데도 어떤 사람은 끝도 없이 탐욕을 부리고, 어떤 사람은 아무짝에도 쓸모없는 목표에 매달립니다. 술에 취해 흥청거리는 사람이 있는가 하면, 게으름에 찌들어 매일 빈둥거리는 사람도 있습니다. 어떤 사람은 끝없이 타인의 평가에 휘둘리며 명예를 얻으려 애쓰고, 어떤 사람은 돈에 대한 욕망에 눈이 멀어 바다와 육지를 떠돌며 방황합니다. 어떤 사람은 타인에게 위협적인 존재가 되고 싶은 욕망에 사로잡혀 타인을 겁주며 전투욕을 불태우고, 또 어떤 사람은 누가 시키지 않았는데도 자기보다 잘난 사람을 맹목적으로 보필하며 하인 노릇을 하느라 진땀을 뺍니다.

많은 사람들이 다른 사람이 가진 부를 빼앗으려고 혈안이 되어 있거나 자기가 가진 것에 대한 불만만 늘어놓습니다. 이처럼 언제나 불만에 쌓여 있으니 한 가지 목표를 정하지 않고 매번 새로운 목표를 세우면서 변덕스럽게 행동합니다. 어떤 사람들은 인생의 일정한 방향을 정하지 않고 반쯤 잠든 상태로 무기력하게 살아가다 한순간 죽음의 포로가 되기도 합니다.

우리는 어느 위대한 시인이 한 말에서 인생의 진리를 찾을 수 있습니다.

"우리가 진정으로 살아가는 것은 그저 인생의 일부분에 지나지 않는다."

그렇습니다. 진정으로 살아가는 시간 외의 나머지 것들은 '진짜 인생'이 아니라 그저 '시간'일 뿐입니다.

남을 위해 살아가지 말고
스스로를 위해 살아가세요

우리는 살아가는 동안 수많은 악덕들의 틈새에서 압박을 받습니다. 이러한 악덕들은 우리가 자리에서 일어나 진리를 똑바로 직시할 수 없도록 방해합니다. 또한 우리를 욕망의 포로로 만들어버립니다.

욕망의 포로가 되어버리면 다시는 우리 자신으로 돌아갈 수 없게 됩니다. 만약 잠시나마 마음의 평온을 찾을 수 있는 기회를 얻는다고 해도, 폭풍이 지나간 바다 위로 넘실거리는 파도처럼 여전히 좌우로 휩쓸릴 뿐 욕망으로부터 완전히 자유로워질 수 없습니다.

이 모든 이야기들이 이미 악덕의 포로가 된 사람들에 대한 것이라고 생각하나요? 행운을 붙잡은 사람들을 구경하려고 구름처럼 몰려든 사람들을 보세요. 그들은 자신이 가진 축복 속에서 질식 상태가 되어가고 있습니다. 부유함이 수많은 사람들에게 짐이 되고 있는 것입니다. 얼마나 많은 사람들이 본인의 힘을 과시하고 재능을 선보이기 위해서 피 말리는 노력을 하고 있나요! 얼마나 많은 사람들이 끝없는 쾌락으로 핏기를 잃어가고 있나요!

제일 낮은 곳에 있는 사람부터 가장 높은 곳에 있는 사람까지 하나하나 자세히 살펴보세요. 어떤 사람은 변호인의 도움을 구하고 또 다른 누군가는 그 도움에 응답하며, 어떤 사람이 피고의 자리에 서면 다른 사람은 그를 변호하고 또 다른 누군가는 그의 죄를 판결하는 자리에 있습니다.

스스로를 위해 사는 사람은 하나도 없고, 다들 다른 사람을 위해 에너지를 소모합니다. 누구라도 알 법한 유명인들의 경우도 자세히 살펴보죠. A가 B를 찬양하고, B는 C를 찬양하는 식으로 각자의 성격에 따라 역할이 나누어져 있습니다.

스스로를 위해 할애한 시간이
얼마나 되는지 계산해보세요

삶의 마지막을 얼마 남겨두지 않은 노인을 붙잡고 이렇게 묻고 싶습니다.

"당신은 이제 삶의 끝자락에 와 계시군요. 백 세 혹은 그 이상의 나이가 당신을 짓누르고 있습니다. 지금까지 인생을 돌이켜 생각해보시면 어떨까요? 얼마나 많은 시간을 채권자에게 빼앗겼는지요? 얼마나 많은 시간을 애인에게 또는 후원자에게, 그리고 부부싸움을 하느라 빼앗겼습니까? 얼마나 많은 시간을 도시를 활보하는 데 보냈나요? 거기에 본인의 잘못으로 생긴 질병을 더하고 하릴없이 낭비한 시간까지 더해보면 기대했던 것보다 훨씬 적은 시간만이 남을 겁니다.

당신이 확고한 계획을 세웠던 시간을 헤아려보고, 자신이 의도한 대로 흘러간 날이 얼마나 적은지, 스스로를 위해 할애한 시간이 얼마나 되는지 계산해보십시오. 언제 자연스러운 표정을 지었고, 언제 두려움에 떨지 않았고, 또 지금까지 오랜 세월을 살면서 어떤 것을 성취했는지, 당신이 모르는 사이 얼마나 많은 사람들이 당신의 인생을 빼앗았고, 아무 근거 없는 고통과 어리석은 쾌락, 탐욕스러운 욕망과 사회 활동으로 얼마나 많은 것을 잃었는지, 그 결과 당신에게 남은 것이 얼마나 적은지를 헤아려보세요. 그러면 아직 때가 되지도 않았는데 벌써 인생을 마감하게 되었다는 사실을 깨닫게 될 겁니다."

왜 우리는 이런 삶을 자초할까요? 우리는 평생 살 수 있을 것처럼 행동합니다. 본인의 나약함을 인지하지 못하며, 얼마나 많은 시간이 흘러가버렸는지조차 인지하지 못합니다. 끝없이 샘솟는 우물에서 시간을 퍼다 쓸 수 있기라도 하듯 시간을 낭비하고 있는 것입니다. 누군가를 위해 혹은 무언가를 위해 할애하는 그 날이 바로 자기 인생의 마지막 날이 될 수도 있는데 말입니다.

우리는 유한한 존재이기에 모든 것을 두려워하면서도 마치 무한한 존재라도 된 것처럼 온갖 것을 갈구합니다.

인간이 유한한 존재임을
망각하지 마세요

많은 사람들이 나이를 먹어가면서 입을 모아 이렇게 말할 것입니다.

"내 나이가 쉰이 되면 현업에서 은퇴할 것이고, 예순이 되는 해에는 모든 업무에서 손을 뗄 겁니다."

그렇지만 그만큼 오래 살 수 있다는 보장이 어디 있을까요? 우리가 바라는 대로 모든 것이 이루어지리라는 확신은 어디서 생기는 것일까요?

아무짝에도 쓸모없는 다소간의 시간만을 남겨두고 좋은 세월을 낭비한다면 그건 정말 부끄러운 일이 아닌가요? 인생을 마감해야 할 순간에 새로운 삶을 시작한다면 그건 너무 늦지 않을까요?

그때까지 살 수 있을지 없을지도 모르는 상황에서 쉰의 나이, 예순의 나이가 되어서야 제대로 삶을 설계해서 살겠다고 말하다니, 인간이 유한한 존재라는 것을 망각한 어리석은 발상이 아니고 무엇이겠습니까!

자신에게 주어진 시간을
스스로를 위해 바치세요

비록 천 년이 넘는 세월을 살아야 한다고 해도 우리 인생은 그야말로 찰나에 지나지 않을 것입니다. 이는 자명한 진실입니다. 그러나 인간의 악덕은 이 수없이 길고 긴 시간을 한입에 집어삼킬 것이 분명합니다.

인생이 눈 깜짝할 사이에 손가락 사이로 빠져나가는 것이 아무리 자연스러운 일이라고 해도, 우리는 이성을 통해 이를 충분히 연장시킬 수 있습니다. 그럼에도 시간은 재빨리 도망치려고 들 것입니다. 왜냐하면 인간은 빠르게 흘러가는 시간을 붙잡거나 멈추려고 하지 않으며, 언제든 다른 것으로 대신할 수 있는 것처럼 혹은 그걸로 충분한 것처럼 세월이 가는 대로 그저 방관하기 때문입니다.

　많은 위대한 인물들은 온갖 역경을 이겨내고 부와 권력 그리고 쾌락을 멀리하면서 삶의 끝자락에 이를 때까지 어떻게 살아야 하는지를 배우는 데 몰두했습니다. 그럼에도 불구하고 그들의 대부분은 삶을 마감하는 순간까지도 제대로 사는 법을 배우지 못했다고 고백하며 세상을 뒤로했습니다. 그러니 평범한 이들이 사는 법을 제대로 모르는 것은 어찌 보면 당연한 일입니다.

　인간적인 과오를 완전히 초월한 사람들만이 자기 수명을 어디에도 빼앗기지 않을 수 있는 능력을 갖추고 있습니다. 그들이 아주 오랜 인생을 살아갈 수 있는 것은 자신에게 주어진 시간을 스스로를 위해 아낌없이 바치기 때문입니다.

　그런 사람들은 하릴없이 흘려보내거나 빈둥거리는 시간, 타인의 손에 좌우되는 시간 따위 전혀 남겨두지 않습니다. 그것들이 자신에게 주어진 시간과 바꿀 정도로 가치 있는 것이 아니라는 점을 깨달았기에 애초에 주어진 시간만 경제적으로 관리합니다.

자신에게 주어진 시간을 스스로를 위해 아낌없이 바치는 사람들은 본인이 가진 것에 충실하고 만족합니다. 하지만 다른 사람들에게 자기 시간을 많이 빼앗긴 사람들은 언제나 자신에게 주어진 시간이 부족하다고 느낄 수밖에 없으며, 매사에 불평불만이 가득합니다.

제발 우리에게 남은 인생이 얼마나 되는지 가늠해보기 바랍니다. 그러면 앞으로 시간이 별로 없다는 사실을 깨달을 수 있을 것입니다.

그저 오래 살지 말고
제대로 인생을 살아야 합니다

　백발이 성성한 머리카락이나 깊은 주름만 보고서 그가 살 만큼 살았다고 섣불리 판단해서는 안 됩니다. 백발의 노인은 그저 오래 살아남은 것이지, 제대로 인생을 살았다고는 단언할 수 없기 때문입니다.

　출항하자마자 거센 폭풍우를 만나는 바람에, 사방에서 불어오는 바람에 실려 똑같은 자리를 빙빙 맴돌며 표류했다고 해서, 오랜 항해를 마쳤다고 볼 수는 없는 일 아닌가요. 그 배는 그저 물에 오래 떠 있었던 것이지, 제대로 항해를 한 것은 아닐 테니까 말입니다.

지금 우리가 살아 숨쉬고 있는 소중한 시간들은 얼마 후면 흔적도 없이 사라질 것입니다. 그때까지 우리는 최대한 인간답게 살아야 합니다.

타인을 위협하거나 공포를 느끼게 해서는 안 됩니다. 엄청난 손해를 입거나 부당한 일을 겪더라도, 경멸을 당하고 비웃음을 듣더라도 덧없는 인생사를 초월해 인내해야 합니다. 세상사에 휘둘려 살다 보면 어느새 우리 앞에 죽음이 다가와 있을 테니까요.

여유 없이 바쁘게 살아간다면
부와 권력도 부질없습니다

여러분은 최고의 권력을 쥐고 높은 명성을 얻은 사람들조차
도 자신이 가진 부보다 여유로운 삶을 갈망하고 꿈꾼다는 사실
을 깨닫게 될 것입니다.

또한 그들은 별다른 위험만 없다면 아찔한 정상에서 내려오
고 싶어 합니다. 행운이란 외부의 공격을 받거나 충격으로 흔
들리지 않더라도 그 자체의 무게만으로 스스로 무너져 내리기
도 하기 때문입니다.

신으로 추앙받는 아우구스투스(로마 제국의 초대 황제로 로마 문화
의 황금시대를 이룩함-옮긴이) 황제는 누구보다 신에게 많은 축복

을 받았지만 언제나 안식을 추구했고, 공적인 업무에서 벗어나 자유롭기를 원했습니다. 그의 대화는 언제나 '자유를 향한 희망'이라는 주제로 끝이 나고는 했습니다. 언젠가 스스로를 위해서 살 수 있을 것이라는, 자칫 헛될 수도 있는 달콤한 위안에 기대어 어려운 공무를 해결하는 데 더욱 박차를 가할 수 있었습니다.

아우구스투스 황제가 원로원에 보낸 편지를 보면, 추후 자신이 공직에서 물러나 은퇴한 후에도 위엄을 잃지도, 과거의 영광에 반하지도 않을 것이라고 말한 바 있습니다. 또한 이런 구절이 편지에 실려 있습니다.

"그저 희망을 표현하는 데 그치는 것보다 직접 실천해 보이는 편이 더욱 가치 있을 것이오. 하지만 현실적인 여건으로 인해 아직 그 행복의 실체를 손에 쥘 수 없는 탓에 이렇게라도 미래에 대한 갈망을 곱씹으면서 미리 즐거움을 느끼고 기쁨을 맛보는 것이라오."

현실적으로는 한가로운 삶을 즐길 수 없었기 때문에 그저 꿈을 꾸는 것만으로도 행복해할 수 있었던 것입니다. 아우구스투스 황제는 모든 것이 오롯이 자신에게 달려 있음을 알고 있었습니다. 그래서 한 국가와 민족의 운명을 좌우하는 중책을 맡고 있으면서도 언젠가 공직에서 물러나 여유롭게 살 날을 그리며 나름대로 소소한 즐거움을 누렸던 것입니다.

마르쿠스 키케로(정치가이자 작가, 웅변가로 로마 공화정을 대표하는 인물-옮긴이)는 몰락하는 국가를 지키기 위해서 무던히 애를 쓰다가 결국 함께 휩쓸려가고 말았습니다. 그는 엄청난 부를 가졌지만 한시도 쉴 수 없었고, 온갖 역경을 겪었으나 끝내 이겨내지 못했습니다.

키케로가 친구 아티쿠스에게 보낸 서신에는 참으로 애잔한 내용이 담겨 있습니다.

"내가 여기서 무얼 하고 있느냐고 물었나? 나는 반포로 신세가 되어서 투스쿨룸에 있는 시골집에서 기거하고 있다네."

키케로는 지난 시절에 대한 푸념을 늘어놓으며 앞으로 다가올 절망적인 미래에 대해 토로했습니다.

키케로가 말했던 '반포로 신세'라는 표현을 살펴보죠. 현인이라면 절대 그런 식으로 스스로를 비하하지 않았을 것입니다. 현인은 절대 반포로 신세가 되지 않습니다. 언제나 온전한 자유를 누리고, 누구에게도 종속되지 않으며, 스스로의 주인이 되어 평범한 이들보다 높은 곳에 존재합니다.

활동적이고 기운이 넘치는 호민관 리비우스 드루수스(농지개혁 등을 감행한 고대 로마의 정치가-옮긴이)를 생각해보죠. 그는 이탈리아 각지에서 몰려든 수많은 군중의 지지를 한 몸에 받으며 새로운 법안을 발의하고 개혁을 추진했습니다. 그러다 자신의 정책이 성공적인 결과를 가져올 수 없게 되었으며 이제와 멈출 수도 없게 되자, 태어난 후부터 한 번도 평온할 날이 없었던 자기 인생을 저주하기 시작합니다.

그는 "어릴 때부터 단 하루도 쉬지 못했다"고 말했습니다. 실제로 리비우스 드루수스는 성년기에 접어들기도 전에 소년의 토가(고대 로마의 고유 의상으로 반원형 옷감을 어깨와 몸 주변으로 걸쳐서 입음-옮긴이)를 입고 재판정에서 피고인을 변호하며 배심원들의 마음을 흔들었고, 그 결과 몇 번의 재판에서 승소하는 데 커다란 영향력을 행사했다고 알려져 있습니다.

어릴 적부터 야망에 눈을 떴으니 리비우스 드루수스에게 어떤 한계가 존재할 수 있었을까요? 지나치게 조숙한 대담성이 결국 사적으로도, 공적으로도 엄청난 파멸을 가져오리라는 것을 어느 정도 짐작할 수 있지 않나요? 소년 시절부터 논쟁을 일삼고 토론장에서 목소리를 높이던 그는 어릴 적부터 하루도 쉬어본 적이 없다는 불평을 너무 뒤늦게야 털어놓은 것입니다.

그가 스스로 목숨을 끊었는지에 대해서는 여전히 논쟁의 여지가 있습니다. 갑자기 복부의 통증을 호소하며 쓰러져버렸기 때문입니다. 그가 자살한 것인지도 모른다는 의혹이 남아 있지만 적절한 때 세상을 떠났다는 점에 대해서는 일말의 의혹도 남아 있지 않습니다.

모두에게 더없이 행복한 모습으로 그려졌으나 정작 평생 동안 해온 일들을 후회한다고 발언했던 수많은 인물들을 굳이 여기서 언급할 필요는 없을 것입니다. 리비우스 드루수스의 뒤늦은 푸념은 그 스스로도, 다른 사람들도 변화시키지 못했습니다. 잠시 불만만 늘어놓았을 뿐, 곧바로 평소 생활로 돌아가버렸기 때문입니다.

자신의 소중한 시간을
남을 위해 내어주지 마세요

지금까지 살아온 날들을 하루하루 세어볼 수 있듯이 앞으로 남은 세월을 세어볼 수 있다면, 앞으로 남은 날이 얼마 없는 사람은 엄청난 두려움을 느끼고 남은 인생을 알뜰히 보내려고 할 것입니다.

제아무리 소소한 것이라도 자신에게 주어진 것이 지극히 제한되어 있다면 알뜰히 사용하기 마련입니다. 그러니까 언제 끝이 보일지 모르는 인생을 사는 우리들은 더더욱 시간을 신중하게 사용해야만 합니다.

사람들은 입버릇처럼 자신이 가장 사랑하는 사람을 위해서 인생의 일부를 바치겠노라고 말합니다. 하지만 그건 시간에 대해 제대로 알지 못하고 떠드는 이야기입니다.

자신의 시간을 내어준다는 것은 타인에게는 아무 도움이 되지 않을뿐더러 그저 자신의 일부를 떼어내는 것일 따름입니다. 어쩌면 무엇을 잃는지조차 모르기 때문에 그나마 견딜 만한 것일지도 모릅니다.

다가올 미래가 아닌
지금 이 순간을 살아야 합니다

자신의 선견지명을 떠벌리는 것보다 더 생각 없는 행동이 있을까요? 누구나 더 나은 삶을 살기 위해서 정신없이 바쁘게 지내지만 남은 인생을 준비한다는 미명하에 현재의 삶을 소비하고 있습니다.

먼 미래를 위해 계획을 세우기도 하지만, 인생에서 가장 큰 낭비는 오늘 할 일을 뒤로 미루는 것입니다. 이는 자신에게 주어진 하루를 하나씩 내던지는 것이며, 앞으로 다가올 미래 때문에 주어진 현재를 버리는 것입니다.

미래에 대한 기대로 사는 것은 현재를 사는 데 가장 큰 장애물이며, 내일에 기대어 오늘 하루를 낭비하는 것과 같습니다. 행운의 여신의 손에 자기 미래를 맡기고 자신의 수중에 놓인 것을 흘려보내는 꼴입니다.

우리는 지금 어디를 보고 있나요? 우리 인생의 목표는 무엇인가요?

앞으로 다가올 미래는 그 누구도 알지 못하는 법입니다. 지금 이 순간을 살아야 합니다!

다가올 미래는 불확실하고,
과거는 돌이킬 수 없습니다

인생은 과거, 현재 그리고 미래의 세 가지 시기로 나누어집니다. 그중에서 지금 우리가 사는 현재는 짧고, 앞으로 다가올 미래는 불확실하며, 이미 지나간 과거는 고정되어 있습니다.

과거는 이미 지나간 시간이라 운명의 여신조차 힘쓸 수 없습니다. 제아무리 큰 권력을 가졌다고 해도 과거를 돌이킬 수는 없습니다.

이미 고정된 과거의 시간을
감상할 수 있어야 합니다

　다른 일에 신경 쓰느라 바쁜 사람들은 과거를 돌이켜볼 시간이 없기에 그 사실조차 놓치고 있습니다. 만약 그럴 시간이 있다고 해도 후회로 가득한 과거를 돌이키는 일이 그리 유쾌하지만은 않을 것입니다.

　대부분은 과오로 흘려보낸 과거의 시간을 돌이켜 생각하려고 하지 않으며, 다시 그 시절을 숙고하고 싶어 하지도 않습니다. 당시에는 눈앞에 보이는 순간의 즐거움에 정신을 빼앗겨 무엇이 잘못인지 모르고 지나갔지만, 시간이 지나 돌이켜보면 우리의 과오가 명백히 눈에 보일 테니까요. 평소 우리를 기만하지 않는 양심에 따라서 행동하지 않았다면 그 누구라도 과거를 돌이켜보고 싶지 않을 것입니다.

아망에 휩쓸려 무엇인가 소유하려고 애쓰고, 오만하게 남을 경멸하고, 절제하지 못하고, 남을 이기려 들고, 음흉한 마음으로 타인을 기만하고, 탐욕스럽게 약탈을 일삼고, 도에 넘는 낭비를 한 적이 있다면 과거를 떠올리는 것이 두려울 수밖에 없습니다.

하지만 과거는 이미 봉해진 신성한 시간이며, 우리에게 다가올 수 있는 온갖 우연을 넘어서 있고, 운명의 여신의 손이 닿지 않는 곳에 존재합니다.

지나간 과거는 빈곤과 두려움, 그리고 느닷없이 찾아오는 질병으로부터 안전합니다. 누구의 방해를 받을 수도, 빼앗길 수도 없는 시간인 동시에 위험할 것 하나 없이 온전히 지속되는 시간입니다.

현재 우리 앞에 주어진 시간은 하루하루 다가오고 있으며, 찰나의 순간들이 이어집니다. 하지만 과거의 시간은 본인에게 의지만 있다면 얼마든지 붙잡아 얼마든지 감상할 수 있습니다. 물론 분주하게 살아가는 이들은 그럴 시간조차 없을 테지만요.

지금 이 순간 주어진 하루를
마지막 날인 듯 살아야 합니다

그토록 바라던 높은 지위를 얻고도 곧바로 그 자리에서 벗어나고 싶어 입버릇처럼 "언제쯤 올해가 다 가려나?"라고 말하는 사람들이 있습니다. 큰 대회에 출전할 기회를 얻는 것이 엄청난 행운임을 알면서도 "언제쯤 이 대회가 끝날까?"라고 말하는 사람도 있습니다. 어마어마한 군중들이 몰려들어 자기 목소리가 제대로 들리지도 않을 정도로 거대한 토론장에 서서 "언제쯤 오늘 재판이 끝날까?" 하고 속으로 걱정하는 변호인도 분명히 있습니다.

이렇듯 누구나 바쁘게 인생을 살지만 현재에 만족하지 못하고 미래에 대해 막연한 기대감만을 품기 마련입니다.

하지만 매순간을 자신의 필요에 따라 보내고, 오늘 하루를 인생의 마지막 날인 것처럼 꾸려나가는 사람은 내일을 기다리지도, 두려워하지도 않습니다.

지금보다 더욱 새롭고 즐거운 시간이 어디 있을까요? 전부 아는 것들이고 마음껏 누렸던 것들인데 말입니다. 앞으로 남은 시간은 그저 행운의 여신의 손에 맡겨두어야 할 부분일 뿐입니다.

지금 이 순간 주어진 하루를 충실히 사는 사람들은 확고합니다. 그들이 지금보다 더 가지도록 할 수는 있어도 그들에게서 무언가를 빼앗을 수는 없습니다. 만약 그들에게 무언가가 조금 더 주어진다고 해도 이는 충분히 배가 부른 사람에게 음식을 더 주는 것과 같습니다. 그들은 그저 주는 대로 받을 뿐, 간절하게 더 바라지는 않습니다.

자기가 가진 것에 만족하며
감사히 살아가야 합니다

타인이 가진 것에만 눈길을 돌리는 사람은 절대 자기가 가진 것에 만족하지 못합니다. 그래서 자기 뒤에 얼마나 많은 사람이 있는지는 보지 못하고, 자신보다 앞선 사람들을 탓하며 신을 원망하기도 합니다. 수많은 사람들이 자신을 시기하며 뒤따르고 있다는 사실을 모른 채 자신보다 앞선 몇몇을 시기하는 것입니다.

인간은 인색하기 짝이 없는 본성을 타고났습니다. 그렇기 때문에 아무리 많은 것을 누리고 있어도 조금 더 누릴 수 없는 현실을 부당하게 여기고 원망을 늘어놓습니다.

집정관이 되기를 원했으나 정무관으로 임명된 이의 이야기를 들어보겠습니다.

"전 정무관으로 임명이 되었습니다. 하지만 저는 집정관으로 일하고 싶었습니다. 제가 12개의 파스케스(막대기 뭉치 사이에 도끼를 끼운 것으로 권위를 상징함-옮긴이)를 수여받았지만, 그런다고 집정관이 되는 것은 아니지요. 이번에 집정관이 되지 못했으니 제 이름을 따서 돌아오는 해의 이름을 정하려던 희망은 깨지고만 것입니다.

물론 제게 좋은 직책을 주신 점은 고맙지만 왜 저 말고 다른 사람들까지 전부 뽑으신 거죠? 저의 명예와 지위는 한껏 향상되었지만 정작 재산을 늘리는 데는 전혀 도움이 되지 않았습니다. 다른 이들과 똑같이 대우해주셨지만 저에게 특별히 많은 걸 챙겨주시지는 않았습니다."

이렇게 불평하기보다는 "감사합니다"라고 말하는 편이 낫습니다. 아직 가지지 못한 것이 있다는 점에 대해서도 감사하고, 때가 오기를 기다려야 합니다. 아직 갖지 못한 것에 대한 희망을 품는다는 것은 한편으로는 즐거운 일입니다.

당신은 누구보다도 앞서 나갔나요? 그렇다면 다른 사람들보다 가장 앞서 있다는 것에 기뻐하세요.

당신보다 앞서 있는 사람들이 많은가요? 그렇다면 당신 뒤로 얼마나 많은 사람들이 있는지 생각해보세요.

우리 인간의 가장 큰 결점은 다름 아닌 잘못된 셈법입니다. 우리 인간은 자신이 남에게 베푼 것은 크게 여기고, 남들이 자신에게 베푼 것은 하찮게 여깁니다.

인생이 짧게 느껴지는 건
현재를 소홀히 하기 때문입니다

우리 앞에 주어진 현재의 시간은 짧습니다. 너무 짧아서 시간이 없는 것처럼 보이기도 합니다.

현재라는 시간은 항상 유동적이어서 강물처럼 빠르게 흐릅니다. 현재의 시간은 도착도 하기 전에 그저 존재하기보다 쉼 없이 움직이며, 하늘과 별들처럼 한곳에 머물지 않으려고 합니다.

그렇기 때문에 현재에만 집착하며 바쁘게 사는 사람들은 순식간이라 붙잡을 수 없는 현재의 시간에만 연관되어 있습니다. 하지만 그조차도 다른 일들에 마음을 빼앗기기라도 한다면 쥐도 새도 모르게 사라져버리고 맙니다.

지나간 과거를 쉽게 잊고, 주어진 현재의 시간을 소홀히 하며, 미래의 시간은 두려워하는 사람들의 인생은 짧고 불안할 수밖에 없습니다. 가련하게도 그런 사람들은 인생의 끝자락에 이르러서야 지금까지 아무 일도 하지 못하고 그저 분주하게만 살았다는 것을 깨닫게 됩니다.

하루가 길게 느껴진다고 해서
충분히 산 게 아닙니다

　누군가 제발 자신을 죽여달라고 기도한다고 해서, 그가 그동안 충분히 살았기 때문이라고 착각해서는 안 됩니다. 워낙 어리석은 자들이라 죽음에 대한 두려움이 너무 큰 나머지, 차라리 스스로 목숨을 끊는 편이 낫지 않을까 생각하며 괴로워하는 것에 불과하기 때문입니다.
　그들이 죽음을 구하는 것은 사실 죽음을 두려워한다는 것의 반증입니다.

　하루가 너무 길게 느껴진다는 이유로, 저녁 식사 시간이 될 때까지 오래 기다리는 것이 불편하게 느껴진다는 이유로 인생

을 충분히 살았다고 생각하면 안 됩니다. 만약 언젠가 지금의
관심사들이 시들해지고 할일이 없어지면, 몸을 비비 틀면서 남
은 시간을 주체하지 못해 안달할 것입니다. 이는 검투사들의
경기 일정이 얼마 남지 않았을 때, 혹은 볼만한 구경거리나 재
미난 일을 기다릴 때 시간이 제발 빨리 지나기를 바라는 것과
같은 맥락입니다.

Seneca

나와의 시간을
확보하고
운명의 변덕에
초연해야 합니다

Seneca

남의 일로 분주한 사람은
모두 가련한 존재입니다

　다른 일들 때문에 분주한 사람들은 모두 가련한 존재들입니다. 그중에서도 가장 가련한 자들은 자기 일을 중심으로 하지 않고, 남의 수면 시간에 맞추어 잠을 자고, 다른 사람의 걸음걸이에 맞추어 걷고, 가장 자유로워야 할 '사랑과 증오'에서도 남의 말을 따르는 자들입니다. 만약 자신의 인생이 얼마나 짧은지 알고 싶다면, 내 인생에서 오롯이 내 것인 부분이 얼마나 적은지 살펴보면 될 일입니다.

　법관의 옷을 입고 돌아다닌다고 해서, 토론장에서 이름이 자주 오르내린다고 해서 부러워할 이유가 없습니다. 그들은 자기 인생을 희생해서 그 자리를 얻은 것이니까 말입니다. 한 해 동안 자기 이름이 널리 알려지게 하기 위해 앞으로 남은 평생을 희생해야 할 것입니다. 그중에는 오랜 노력을 갈고닦아 꿈꾸던 최고의 자리에 오르기도 전에, 초반부터 나가떨어지는 자들도 있을 것입니다. 또한 셀 수 없는 수모를 겪고 최고의 권력을 얻고 나면, 그럴듯한 묘비명 하나 남기자고 지금껏 생고생한 건가 싶어 비참한 기분이 들 수도 있습니다. 더러는 스스로 노인이 되었다는 사실을 모른 채 갖가지 희망찬 계획을 세워 무리하게 일을 벌이다가 어느 날 문득 본인의 나약함을 깨닫게 될 것입니다.

지긋한 나이의 변호인이 생판 남인 소송인의 승소를 위해서 죽을 힘을 다해 변론을 하거나, 무지몽매한 청중들의 박수갈채를 얻으려고 기를 쓰다가 결국 재판정에서 죽음을 맞는다면 그 얼마나 추한 광경인가요? 평소 생활습관 때문에 에너지가 완전히 고갈되어 자기 임무를 수행하던 도중 쓰러진다면 그 얼마나 부끄러운 일인가요? 평생 장부에 적힌 숫자만 세어보던 사람이 세상을 떠나자, 이를 오랫동안 기다려왔던 상속인이 회심의 미소를 짓는 장면 또한 부끄러운 것이 아닐 수 없습니다.

남이 가진 것을 빼앗고 빼앗기면서 서로의 여가를 망치고 불행하게 만드는 사이 우리들의 인생은 아무런 소득도, 즐거움도, 정서적인 발전도 없이 지나가버리고 맙니다.

그 누구도 저만치 앞에 다가온 죽음에 대해서는 개의치 않으며, 눈에 보이지 않는 헛된 희망에만 목숨을 겁니다. 그리고 죽음 후의 일들, 으리으리한 묘 자리, 그럴듯한 장례식만을 대비하고 있습니다. 하지만 너무나 짧은 인생을 살아갔던 자들에게 어울릴 법한 장례식은 뜨거운 횃불과 촛불만 밝힌 채 치러져야 마땅할 것입니다.

바쁘게 사는 이들의 인생은
깊은 심연 속으로 사라집니다

일이 너무 많아 분주한 사람들은 웅변이나 학문의 영역을 제대로 수행할 수 없다고들 합니다. 온갖 것들 때문에 산만해지면 어떤 것도 제대로 흡수하지 못하고 억지로 음식을 쑤셔 넣은 것 마냥 곧바로 토해내기 마련입니다.

분주하게 사는 사람들은 사는 데 그다지 관심이 없지만, 제대로 사는 법을 배우는 것만큼 어려운 것도 없습니다. 그 외의 기술을 습득하는 데 따르는 큰 어려움은 없으며, 어디를 가나 좋은 스승들은 존재합니다. 그 중에는 미숙한 아이라도 충분히 이해할 수 있는 기술도 간혹 있습니다.

하지만 어떻게 살아야 하는지 제대로 배우기 위해서는 한평생이 걸립니다. 더욱 놀라운 것은 어떻게 죽음을 맞이해야 하는지 배우는 데도 한평생이 걸린다는 사실입니다.

근심 걱정이 없고 평온한 마음을 가진 사람은 과거의 인생 여정을 마음대로 돌이켜볼 수 있습니다. 하지만 바쁘게 사는 사람은 무거운 멍에를 뒤집어쓴 것처럼 뒤를 돌아보지도 못합니다. 그들의 인생은 그렇게 저 깊은 심연 속으로 사라집니다.

아무리 많은 물을 쏟아 부어도 그 물을 담을 그릇이 없다면 무슨 소용이 있을까요? 마찬가지로 아무리 많은 시간을 얻어도 이를 쉬게 할 곳이 없다면 아무 소용이 없습니다. 결국 시간은 마음의 갈라진 틈새 사이로 줄줄 흘러내리고 말 테니까 말입니다.

소중한 시간을 하찮게 여기면
인생은 짧고 불안합니다

누군가 시간을 잠시 내달라고 요청하고, 이런 요청에 순순히 응낙하는 사람들을 볼 때마다 저는 매우 놀라움을 금할 수 없습니다.

굳이 시간을 할애해서 만나야 하는 이유가 무엇인지는 알고 있지만 시간 자체에 대해서는 자각하고 있지 못하기 때문입니다. 다들 남의 시간을 구하는 것, 그리고 자신의 시간을 할애하는 것이 별 거 아니라고 생각하는 모양입니다.

세상에서 가장 소중한 것을 가지고 있으면서 이를 제대로 보지 못하는 이유는 시간 자체에 형체가 없어 눈에 보이지 않기 때문일 것입니다. 그렇기 때문에 사람들은 시간을 그다지 가치 있다고 여기지 않으며, 아무 곳에나 써도 되는 것처럼 하찮게 여깁니다.

모두가 기꺼이 임금을 받고 보너스를 챙기는 대가로 노동력과 수고 혹은 서비스를 제공합니다. 그러나 어느 누구도 시간에 가치를 두지는 않으며, 시간이 아무것도 아닌 것처럼 헤프게 사용하고 있습니다.

하지만 그 사람들이 병에 걸려 죽음을 목전에 두면, 의사의 무릎에 매달려 어떻게든 사형 선고만은 면하기 위해 자신의 전재산을 흔쾌히 투척합니다. 이런 행동은 인간 감정의 모순된 부분을 보여주는 것입니다.

가끔은 말도 안되는 불만을 토로하는 사람들도 있습니다. 누군가를 만났는데, 그 사람이 자신의 말을 듣곤 거만하게 굴었다는 것입니다.

그런데 스스로를 위한 시간도 내어주지 않으면서 다른 사람이 거만하게 굴었다는 이유로 불만을 토로하는 것이 가능한 일인가요? 어쨌거나 그가 당신을 쳐다봐주었고, 아무리 거만하게 굴었더라도 그 말에 귀를 기울여주고 옆자리를 내어주지 않았던가요! 반대로 우리는 스스로를 들여다보고 자기 안의 소리에 귀를 기울이는 것을 가치 없는 일로 여겨왔습니다.

그렇기에 자신조차 하지 못한 일을 타인이 해주지 않았다고 그를 비난할 이유는 없을 것입니다. 왜냐하면 그건 누군가의 벗이 되고 싶은 마음이 아니라, 스스로에게 만족할 수 없어 타인을 갈구하는 것에 불과하기 때문입니다.

자기 인생을 남의 손에
순순히 내어주면 안 됩니다

각 세대를 풍미했던 지식인들이 머리를 한데 모은다고 해도, 인간의 정신 속 어두운 미스터리를 확실하게 설명할 수는 없을 것입니다.

자기가 가진 재산을 누가 넘본다거나 혹은 아주 사소한 문제만 생겨도, 돌을 들고 무기를 찾는 것이 바로 인간이라는 족속입니다. 그렇다면 타인이 자기 인생에 끼어들도록 내버려두고, 심지어 순순히 자기 인생을 남의 손에 내어주는 경우는 어떻게 설명할 수 있을까요?

아무리 푼돈이라도 남에게는 인색한 사람들이 정작 자기 인생은 아낌없이 내어준다는 것입니다. 재산을 나눌 때는 구두쇠처럼 굴면서 타인에게 시간을 낭비하는 것에는 너그럽기 한이 없습니다. 오히려 무엇보다도 시간을 지키기 위해 탐욕스러워야 마땅한 일인데도 말입니다.

스스로 여가를 즐기고 있다고
인식해야 진정한 여가입니다

'온갖 일로 분주한 사람들'이 누구인지 알고 싶은가요? 비단 오후까지 법정을 떠나지 않는 변호사들이나 잘난 척을 하며 지지자들 사이를 비집고 들어가는 자들, 상대편의 지지자들 사이로 야유를 받으며 들어서는 자들만을 지칭하는 것은 아닙니다. 그중에는 여가를 즐기는 와중에도 바쁘게 움직이는 사람들도 있습니다.

별장에서 혹은 푹신한 소파에서 오롯이 홀로 있거나, 다른 사람들로부터 벗어나 있으면서도 그러는 것은 결국 본인의 문제인 셈입니다. 그건 여가를 즐기는 것이 아니라 분주함 속에서 빈둥거리는 꼴이 아닌가요!

극소수의 수집광들 때문에 값이 치솟은 청동합금으로 만든 그릇을 구석구석 닦고, 녹이 슨 구리조각을 정리하느라 하루 종일을 투자하는 자들도 여가를 즐긴다고 볼 수 있을까요? 말하기도 부끄럽지만, 로마의 전통도 아닌 그저 악덕 때문에 고통을 받는 소년들의 결투나 구경하기 위해 레슬링 경기장에 앉아 있는 자들, 미끈거리는 기름을 바른 레슬링 선수의 나이와 피부색에 맞추어 상대를 정해주는 자들도 여가를 즐기는 것인가요? 새로 들어온 선수들에게 먹을 것을 챙겨주는 자들도 여가를 즐기는 걸까요?

그렇다면 이것은 어떠한가요? 이발소에서 오랜 시간을 보내면서 전날 밤에 자란 머리칼을 솎아내고, 한 뭉치의 머리칼을 놓고서 논쟁을 벌이고, 헝클어진 머리칼을 정돈하고, 텅 빈 부분을 다른 머리카락으로 가리느라 바쁜 자들도 여가를 즐기는 것인가요?

간혹 이발사가 실수라도 하는 날이면 사람의 목을 베어버린 사람을 대하는 것처럼 머리끝까지 화를 내고는 합니다. 어디 그뿐인가요, 덥수룩한 갈기 같은 머리칼이 잘못 잘리거나 제대로 정돈이 되지 않거나 멋이 나지 않으면 이발사에게 분통을 터트리기도 합니다.

어쩌면 그들 중 일부는 머리카락이 엉망이 되느니 국정이 엉망이 되는 것을 바랐을지도 모릅니다. 또 몇몇은 얼마나 많은 지혜를 머릿속에 담고 있느냐보다 겉치장에 신경을 쓰고, 그조차 점잖은 모양새보다는 제비처럼 날렵한 차림을 원할 것입니다. 이렇게 빗질이나 거울을 보는 데만 신경 쓰는 자들도 여가를 즐기는 것이라고 말할 수 있을까요?

곡을 만들고 음악을 감상하고 노래를 배우는 것에 푹 빠져 있는 자들은 여가를 즐기는 것인가요? 훌륭하고 단조로운 목소리를 이미 타고났는데도 억지로 음을 바꾸느라 바쁘고, 머릿속에 떠오르는 리듬에 맞추어 끝없이 손가락을 움직이고, 슬픈 일이나 진지한 일로 모인 자리에서도 노래를 흥얼거리느라 분주합니다. 그렇게 각자의 향연에 몰두한 자들에게는 여가 시간조차 주고 싶지 않을 지경입니다.

은 식기들을 가지런히 배열하고, 잘생기고 어린 시동들의 옷매무새를 가다듬어주고, 요리사가 만든 수퇘지 요리의 차림새를 살피느라 분주한 자들이 여가를 즐긴다고 말하기는 힘듭니다.

말쑥하게 차려입은 소년들이 자신이 맡은 임무를 처리하느라 분주히 돌아다니고, 시동들이 생고기를 적당한 크기로 잘라 보기 좋게 배열하고 술에 취한 자들이 뱉어낸 토사물을 재빨리 치우는 모습을 보고 나서도 여가를 즐긴다고 말하기는 힘들 것입니다.

그저 남들에게 우아하고 세련된 삶을 살고 있다는 찬사를 듣고 싶을 뿐인 것은 아닐까요? 그런 나쁜 습관은 삶 속에 그대로 파고들어, 마침내 잠시라도 남들에게 뻐기지 않고는 제대로 먹지도 마시지도 못하는 지경에 이르게 합니다.

편한 안락의자에 앉아서 남들의 도움을 받지 않으면 절대 안 되는 것처럼 구는 사람들이나 목욕할 시간, 수영할 시간, 저녁을 먹을 시간까지 누군가 일일이 챙겨주어야만 하는 사람들도 여가를 즐긴다고 볼 수 없습니다. 그들은 그저 정신적으로 무력하고 나약해져서 스스로 배가 고픈지도 모르는 사람들일 뿐입니다.

이렇듯 남의 도움을 받는 데 익숙해진 나약한 사람들은 욕조에 줄곧 앉아 있었는데도 안락의자로 옮겨지고 나서야 "내가 자리에 앉은 건가?"라고 되묻는다고 합니다. 자기가 의자에 앉은 감각도 모르는 사람들이 진짜 살아서 무엇인가를 보고 있으며 여가를 즐기는 것일까요? 정말 몰랐을 수도 있고, 아니면 모른 척했을 수도 있지만 둘 중 어느 쪽이 더 불쌍한지 모를 정도입니다.

이런 자들은 실제로 수많은 일들을 망각하기도 하고, 어떤 경우에는 망각한 척하기도 합니다. 아마도 악덕을 행하는 것이 진정한 행복의 근거라고 생각하고 즐기는 모양입니다. 자신이 무슨 짓을 하고 있는지 안다면 남들 눈에 천박하고 경멸스러워 보인다는 것도 알 수 있을 텐데 말입니다.

어쩌면 어릿광대들의 놀이가 사치하는 자들을 꼬집기 위한 것이라고 믿을지도 모릅니다. 요즘 시대에는 유난히 인간들의 악덕이 성행하는 바람에 예전에는 상상도 못했던 악행들이 늘어나게 되었고, 오히려 어릿광대들이 많은 부분을 간과한 채로 지극히 제한된 부분만을 흉내 내고 있는 현실입니다. 도리어 어릿광대들이 풍자하는 부분 중에 놓치는 것이 너무 많다고 탓할 지경입니다. 맙소사, 도를 넘은 향락에 찌들어 본인이 의자에 앉은 사실도 모르고 그저 남의 도움에 기대어 살아야 한다니요!

이런 자들은 진정 여가를 즐기는 것이 아니기에 다른 말로 표현하는 것이 옳습니다. 그들은 병든 것이고 죽은 것이나 다름없습니다.

  본인 스스로 여가를 즐기고 있다고 인식해야만 진정한 의미의 여가입니다. 남의 말을 들어야만 본인의 상태를 제대로 파악할 수 있을 만큼 반쪽짜리 인생이라면 대체 언제쯤 스스로 삶의 주인이 될 수 있을까요?

위대한 철학자들과의 만남이
진정한 의미의 여가입니다

철학을 위해서 시간을 할애하는 자들만이 진정 여가를 즐긴다고 볼 수 있습니다. 그것이야말로 진정 살아 있는 것입니다. 그들은 주어진 인생 여정을 잘 지켜낼 뿐만 아니라 한 해 한 해를 더하면서 살아갑니다. 또한 지금까지 보내온 오랜 세월들을 온전히 자신의 것으로 만들었습니다.

감사하게도 다양한 학파를 창시한 철학자들은 우리가 어떻게 살아야 하는지 다양한 지침을 정리해두었습니다. 그들의 노력 덕분에 어둠 속에서 빛을 향해 나올 수 있었고, 세상에서 가장 사랑스러운 것들을 향해 나아갈 수 있게 되었습니다. 동시에 우리는 지난 몇 세기의 시간들을 만끽할 수 있으며 그를 향해 다가갈 수 있습니다. 마침내 인간의 나약함으로 인한 좁은 경지를 벗어나 고매한 정신을 터득하기 위해 저 광활한 시간 속을 자유롭게 나다닐 수 있게 된 것입니다.

우리는 소크라테스(고대 그리스의 대표적인 철학자-옮긴이)와 토론을 할 수도 있습니다. 카르네아데스(고대 그리스의 회의학파 철학자-옮긴이)와 함께 의혹을 해결하고, 에피쿠로스(에피쿠로스학파의 창시자로 쾌락주의 철학을 펼침-옮긴이)와 함께 평온을 찾고, 스토아학파(고대 그리스의 철학자인 제논이 창시자이며, 이성과 금욕적인 삶을 중시함-옮긴이)들과 함께 인간의 본성을 탐구하고, 키니코스학파(견유학파라고도 불리며, 금욕과 자족하는 삶을 강조함-옮긴이)들과 모여 인간의 본성을 넘어서기 위해 힘쓸 수도 있습니다. 무한하고 영원하며 더 나은 사람들과 함께할 수 있는 기회를 마다하고, 군이 짧고 덧없는 시간의 흐름에 머물 이유가 있을까요?

사회적 임무를 수행하느라 분주하게 돌아다니고, 타인과 스스로를 괴롭히는 자들은 쉽게 흥분합니다. 또한 그들은 하루가 멀다 하고 다른 사람의 문지방을 넘나들고, 닫힌 문을 기어이 열고 들어가며 사방으로 떨어진 집을 돌면서 돈 심부름을 하고 안부를 전합니다. 그렇게 광대한 도시에서 각기 다른 욕망을 가진 자들을 만나는 것 같지만 사실은 지극히 소수의 사람들만 만나고 있는 꼴입니다.

잠에 빠져서, 쾌락을 즐기느라, 마음의 여유가 없어서 그들을 멀리하는 자들이 얼마나 많을까요! 마음 졸이며 기다리게 만들어놓고 바쁘다는 핑계로 그냥 지나치는 사람은 또 얼마나 많을까요! 어제 마신 술이 깨지 않아 종일 잠에 취해 달콤한 잠도 마다하고, 그를 찾아온 불쌍한 자를 기다리게 하는 것도 모자라 집사가 손님이 찾아왔다고 수없이 속삭여야만 그제야 거만하게 하품을 하며 대답할 것입니다.

오히려 고귀한 철학의 대가들과 가까이하며 우러러보는 사람들이야말로 인생 본연의 임무를 다하고 있다고 저는 생각합니다. 그런 사람들이야말로 스스로 시간을 내어 자신을 찾아온 손님을 기쁘게 만들어주고 만족할 수 있게 만들어줄 것이며, 손님을 절대 빈손으로 돌아가게 만들지 않을 테니까요. 그렇다면 이 세상 누구라도 낮과 밤을 가리지 않고 친구가 되어줄 수 있을 것입니다.

그런 사람들은 절대로 우리에게 죽음을 강요하지 않으며 오히려 죽는 법을 가르쳐줄 것입니다. 우리 수명을 깎아내지 않고 오히려 자신의 것을 내어줄 것입니다. 그런 사람들과 대화를 나눈다고 해서 위험해지지도 않을 것이고, 존경하는 마음을 품는다고 해서 돈이 들지도 않을 것입니다. 원하는 것은 무엇이든 얻을 수 있고, 많은 것을 받아들이지 못한다고 해서 탓하는 법도 없을 것입니다.

고귀한 철학자들은 영원에 이르는 길을 가르쳐줄 것이며, 아무도 끌어내릴 수 없는 자리에 오르게 해줄 것입니다. 이는 유한한 존재인 우리가 더욱 오래 살 수 있고 불멸의 길을 향해 갈 수 있는 유일한 방편입니다.

야망을 충족시키기 위해 으리으리한 건축물을 세운다고 해도 언젠가 무너지기 마련입니다. 오랜 세월이 지나도 파괴되지 않고 사라지지 않는 것은 아무것도 없습니다. 하지만 지혜를 바탕으로 이룩한 것들은 세월의 힘을 비껴갈 수 있습니다. 아무리 오랜 시간이 지난다고 해도 지혜로움은 사라지거나 줄어들지 않습니다. 오히려 세대를 거듭해 나가며 더욱 존경심을 얻게 될 것입니다. 자신의 손에 닿는 것은 질투의 대상이 되기 쉽지만 자신의 손이 닿지 않는 곳에 있는 것은 오로지 경탄의 대상이 되기 때문입니다.

지혜를 바탕으로 이룩한 것들은 세월의 힘을 비껴가기에 철학자의 삶은 광활한 수준으로 연장되기 마련입니다. 그들은 다른 인간의 삶을 지배하는 법칙에서 자유롭습니다. 또한 모든 시대가 그를 신처럼 경배합니다.

현자들은 지나간 시간을 기억 속에 소중히 품고, 주어진 시간을 잘 활용하고, 앞으로 다가올 시간을 손꼽아 기다립니다. 즉 모든 시간을 하나로 결합시켜서 인생을 더욱 길게 연장할 수 있는 것입니다.

큰 축복과 행운을 받은 이라도
불행할 수 있는 게 인생입니다

최강의 권력을 손에 쥔 왕들마저도 자신이 가진 엄청난 행운을 제대로 만끽하지 못하고 언젠가 끝날 것이라는 두려움에 사로잡혀 살았습니다.

페르시아인들의 거만한 왕 크세르크세스 1세(기원전 486년부터 기원전 465년까지 페르시아를 통치한 황제-옮긴이)는 드넓은 평야를 메운 수없이 많은 군사들을 보며 눈물을 흘렸습니다. 백 년이 지나면 저 젊은 병사들 중 한 명도 세상에 살아 있지 못하리라는 사실을 직감했기 때문입니다. 하지만 그는 젊은 병사들을 바다나 육지로 보내 전장에서 혹은 도망치다가 죽음을 맞이하게 만들었습니다. 백 년 앞을 내다보지 못하는 군사력에 두려워하던 그가 오히려 자신의 병사들을 짧은 시간에 몰살시키고 만 것입니다.

이렇듯 엄청난 힘을 가진 권력자들조차 즐거움을 느끼지 못하고 두려워하는 이유는 무엇일까요? 힘의 기초도 견고하지 못했을 뿐 아니라, 힘의 속성 자체가 별다른 이유 없이 갑자기 생겼다가 소리 없이 사라지기 때문입니다. 그렇게 엄청난 힘을 가지고 인간의 경지를 넘어서는 순간에도 순수하게 즐겁지 못한데, 정작 본인 입으로 불행을 말하는 순간에는 어떠할 것인가요?

그렇기 때문에 남들은 꿈도 꾸지 못할 엄청난 축복을 받았어도 불행할 테고, 행복이 최고조에 이른 순간도 쉽사리 현실을 믿지 못합니다. 자신의 손에 쥔 하나를 지키기 위해서 다른 하나가 필요하고, 하나의 소원을 이루고 나면 또 다른 기도를 시작합니다.

대중들로부터 벗어나서
자기 인생의 창고를 돌아보세요

이제 무지한 대중들로부터 벗어나야 합니다. 그간 풍랑에 휩쓸리며 온갖 일을 다 겪었다면, 이제 다시 잔잔한 항구로 돌아가야 합니다.

지금까지 사적인 부분에서 혹은 다른 사람들과 함께하는 자리에서 떠오른 생각 때문에 얼마나 많은 파도를 이겨내야 했고, 얼마나 많은 폭풍에 맞서야 했던가요! 지금까지 쉬지 않고 열심히 뛰며 충분히 노력했으니, 이제는 여가를 즐기며 우리의 미덕으로 무엇을 할 수 있는지 시험해봐야 합니다. 우리 삶의 대부분을 국가를 위해 바쳤다면, 이제는 남은 일부라도 스스로를 위해 투자해야 합니다.

그렇다고 하는 일 없이 빈둥거리고 나태하게 보내라는 뜻은 아닙니다. 타고난 재능을 무지한 대중들이나 즐기는 쾌락 속에 묻어버리라는 것도 아닙니다. 그건 진정한 의미의 휴식이 아닙니다. 여러분은 지금까지 최선을 다해서 노력했던 일들보다 더욱 큰 목표를 발견하게 될 것이며, 이는 현재의 업무에서 한 걸음 물러나 평온한 마음을 가져야만 성취할 수 있습니다.

당신은 온 세상의 자질구레한 일들을 사적인 감정 하나 보태지 않고 자신의 것처럼 꼼꼼하게 양심적으로 처리하고 있습니다. 그뿐인가요, 공직에 오른 자들은 남에게 미움을 사기 마련인데도 충분히 대중에게 호감을 얻고 있습니다. 하지만 저의 조언을 귀담아 들으세요. 국가의 창고에 얼마나 많은 곡식이 비축되어 있는지 가늠하는 것보다 자기 인생의 창고를 돌아보는 것이 우선입니다.

더 평온하고 안전하고 위대한 일을 위해서 한 걸음 물러서야 합니다. 일꾼들의 속임수나 부주의로 곡식들이 손상되지 않았는지, 그대로 창고로 옮겨 곡식에 습기가 차거나 열에 상하지 않도록 보관되어 있는지, 곡식의 무게와 양이 처음과 일치하는지 등을 살피는 일 따위가 성스럽고 숭고한 철학을 접하는 것처럼 중요하다고 생각하나요?

철학은 만물의 실체와 의지, 성질과 형태를 파악할 수 있게 해줍니다. 앞으로 우리들의 영혼이 어떤 운명을 맞이할지, 육신에서 해방되고 나면 자연이 우리를 어디로 데려가는지도 알려줄 것입니다. 그뿐만 아니라 도대체 어떤 거대한 힘이 한가운데서 우주를 지탱하고 있으며 가벼운 성분들을 공중에 떠다니게 하는지, 또 어떤 힘이 뜨거운 것은 머리 위에서 타오르게 만들고 별자리들이 위치를 바꿀 수 있도록 하는지 등 온갖 경이로운 이치를 가르쳐줄 것입니다.

이리로 와서 바닥에 고정되어 있던 눈동자를 들어 마음의 눈으로 철학을 보세요! 뜨거운 피가 흐르는 동안 우리는 더 고매한 것을 향해 나아가야 합니다. 그렇게 살다 보면 수많은 고귀한 학문들과 미덕에 대한 사랑과 실천, 욕정을 잊는 방법, 생사에 대한 이해와 마음의 평온을 얻을 수 있을 것입니다.

힘들고 괴로운 일이 닥쳐도
마음을 다스리면 해결됩니다

인생을 살다가 극도로 어려운 순간에 놓인다고 가정해보죠. 자신도 모르게 사적인 이유나 공적인 이유로 함부로 끊어낼 수도, 폭발할 수도 없는 경우에 처했다면 어떻게 할 것인가요? 감옥에 갇힌 죄수도 처음에는 발목을 묶고 있는 쇠사슬의 무게 때문에 힘들어 하지만, 이를 거부하지 않고 묵묵히 견뎌내기로 결심하면 필연은 우리에게 용감하게 맞설 수 있는 법을 가르쳐 주고, 습관을 통해 고난을 쉽게 견딜 수 있게 해줍니다. 어떤 종류의 삶을 선택하든 힘든 일을 가볍게 여기고 증오하지 않는다면 언제라도 즐거움과 여유, 그리고 기쁨을 발견할 수 있을 것입니다.

자연은 인간이 태생적으로 고난을 겪어야 한다는 점을 알고 있습니다. 그래서 우리로 하여금 습관이라는 것을 체득하도록 만들어 혹여 엄청난 고통을 받더라도 일정 시간이 지나면 적응할 수 있게 최고의 선물을 준 것입니다. 만약 불행이 닥친 순간부터 계속 똑같은 강도로 우리를 괴롭힌다면 그 누구도 버티지 못할 것입니다.

우리는 운명의 사슬에 묶여 있습니다. 어떤 사람은 느슨한 금 사슬에 묶여 살아가고, 또 어떤 사람은 팽팽한 철 사슬에 묶여 살아갑니다. 하지만 그 또한 무슨 소용인가요? 인간은 모두 똑같은 포로이며, 다른 사람을 사슬로 묶은 자 스스로도 사슬에 얽매여 있기 마련입니다. 그저 한 손이 조금 더 가벼운 상태일 뿐입니다.

누구는 높은 관직에 매여 살고, 또 누구는 부유함에 매여 살고, 또 어떤 사람은 고귀한 태생의 무게에 눌려 살고, 또 누구는 출신 성분이 미천하다는 이유로 상처를 받습니다. 어떤 사람은 엄청난 권력을 가진 자의 기세에 눌려 살고, 어떤 사람은 스스로를 지배하며 삽니다. 누구는 저 멀리 귀향을 가서 살고, 또는 사제가 되어 속세를 등지고 살아갑니다. 이처럼 인간은 모두

어딘가에 종속되어 있습니다.

그렇기 때문에 우리는 주어진 환경에 적응하고, 가능한 불평 불만을 자제하며 주어진 환경 속에서 장점을 찾으려고 노력해야 합니다. 제아무리 힘들고 괴로운 일이라고 해도 마음을 다스리면 평온을 얻을 수 있습니다.

손바닥만 한 땅도 제대로 활용할 방법만 찾는다면 다양한 용도로 쓸 수 있습니다. 좁은 공간도 솜씨 좋게 배분하면 살 만한 공간으로 만들 수 있습니다.

고난이 닥치면 이성을 발휘해야 합니다. 이성을 통해 어려운 일을 유연하게 해결해야 합니다. 그러면 좁은 문도 결국 넓어지고, 무거운 짐도 머리를 쓰면 가벼워지기 마련입니다.

온갖 욕망으로 갈등이 일면
스스로 멈추어야 합니다

우리가 가진 욕망을 저 멀리 떠돌게 하지 말고, 되도록 가까운 곳에 두세요. 욕망이란 한군데 묶어두기가 힘든 법입니다. 아무리 노력해도 이루기 힘든 것들은 포기해야 하고, 조금만 노력하면 될 법한 것들에 집중해야 합니다. 다만 욕망이란 모름지기 겉보기에는 저마다 다르게 보이지만 공통적으로 허상에 불과하다는 점을 기억해야 할 것입니다.

저만치 높은 곳에 있는 사람을 시기하지 마세요. 그들이 서 있는 곳이 바로 낭떠러지인지도 모릅니다.
불운한 운명 때문에 애매한 위치에 있는 사람들이라면 최대한 오만을 억누르고 본래 자신이 가진 운에 따라 평균을 지키려고 해야 더 안전해질 것입니다.

우리는 정의와 온화함, 친절함, 부드러움과 자애로운 선의의 손을 빌어 더 나은 미래를 맞이하기 위해서 노력해야 할 것입니다. 그렇게 한다면 불안함을 누르고 보다 평온한 마음으로 버틸 수 있을 것입니다.

언제 멈추어야 하는지 우연에 맡길 것이 아니라 그전에 스스로 멈추어야 합니다. 그렇게 한다면 온갖 욕망으로 마음에 갈등이 일더라도 우리에게 주어진 한계점을 인지할 수 있으며, 불확실한 것들로 가득한 나락으로 떨어지지 않을 수 있습니다.

생사에 큰 가치를 두지 말고
덧없는 것이라 여겨야 합니다

우리가 왔던 곳으로 돌아가는 것이 그렇게도 힘든가요? 제대로 죽는 법을 알지 못하는 사람이 제대로 살 수는 없습니다. 그렇기 때문에 죽고 사는 문제에 큰 가치를 두기보다는 생사를 덧없는 것이라 여겨야 합니다.

키케로는 이렇게 말했습니다.

"전투에 나선 검투사들이 수단과 방법을 가리지 않고 살고자 할 때 우리는 적의를 느낀다. 반대로 죽음을 두려워하지 않는 모습을 보이면 무한한 호의를 보인다. 우리도 그와 똑같은 입장에 처해 있음을 깨달아야 한다. 죽음에 대한 공포 자체가 때로는 우리를 죽음으로 몰고 가는 원인이 되기 때문이다."

항상 불운에 대비하는 사람은
큰일이 닥쳐도 놀라지 않습니다

사악한 운명의 여신은 이렇게 말합니다.

"왜 그대처럼 천하고 겁 많은 생명체를 살려두어야 하는가?
자기 목덜미를 선뜻 내놓지 못하기에 더 공격당하고 찔려서 다
치게 될 것이다. 하지만 겁에 질려 목을 뒤로 빼거나 손으로 막
지 않고 대담하게 상대의 칼에 맞선다면 더 오랫동안 살아남아
평온한 죽음을 맞을 수 있을 것이다."

죽음을 두려워하는 사람은 절대로 가치 있는 삶을 영위할 수
없습니다. 하지만 세상에 태어난 순간부터 스스로 유한한 존재
라는 것을 인지하고 주어진 조건에 맞추어 사는 사람은 강인한

정신력으로 단련되어 언제 어디서 벌어질지 모르는 일들에 의연하게 맞설 수 있습니다. 언젠가 자신에게 벌어질 수도 있는 일에 대비함으로써 엄청난 불운으로 인한 충격을 경감시킬 수 있는 것입니다.

항상 불운에 대비하고 있는 사람은 막상 큰일이 닥쳐도 크게 놀라지 않을 것입니다. 하지만 무사태평하게 운이나 바라며 안일하게 사는 사람은 큰일이 생기면 엄청난 충격을 받을 것입니다.

불행한 일이 내게 닥친다고
그게 그렇게 놀랄 일인가요?

질병이나 감금, 재앙, 화재로 인한 파괴는 예고 없이 닥치지 않는 법입니다.

저 또한 자연이 가져온 격동기 속에 살아온 바 있습니다. 이웃에서 자주 들리던 죽은 자를 기리는 노랫소리, 횃불과 촛불을 켜고 너무 일찍 세상을 떠나버린 넋을 추모하던 장례 행렬들을 잊을 수 없습니다. 가끔은 지축이 흔들리는 소음과 함께 건물이 무너져 내리기도 했습니다. 토론장에서, 원로 회의장에서, 혹은 사적인 모임에서 나와 함께했던 많은 사람들이 하룻밤 사이 죽음의 밤을 건넜고, 우정을 나누며 악수했던 손들과 찰나의 작별을 해야 했습니다.

언제나 주변에서 맴돌던 위험들이 자신에게 벌어지는 것이 그렇게 놀랄 일인가요? 항해를 시작하는 자들의 대부분은 도중에 폭풍우를 만날지도 모른다는 점을 염두에 두지 않습니다.

제가 말하고자 하는 바를 확실히 하기 위해 다소 질 낮은 작가의 글을 인용하는 것도 그리 나쁘지만은 않을 것입니다. 만약 푸블리우스가 싼 좌석을 찾는 관객들을 위한 말장난 습관만 버린다면 여느 작가보다 더한 천재성을 보일 수 있을 거라고 믿습니다. 실제로 그는 희극과 비극을 통틀어 꼭 새겨둘 만한 명대사를 쓴 적도 있습니다.

"누군가에게 닥쳤던 운명은 우리 모두에게 닥칠 수 있다."

이 대사를 마음에 새겨 기억하고 날마다 다른 사람들에게 벌어지는 불행한 일들이 언젠가 우리에게도 닥칠 수 있다는 점을 염두에 두고 살아간다면 불운이 닥치기 전에 대비할 수 있을 것입니다.

공격을 당한 후에 대비하고자 한다면 이미 때는 늦습니다.

"나한테 이런 일이 생길 줄 몰랐다." 혹은 "나한테 이런 일이 생겼다는 점이 믿기는가?"라고 말한들 무슨 소용이 있을까요? 왜 아니라고 생각하는가요?

고난이 닥친다고 해서 흥분하는 건
어리석고 바보 같은 짓입니다

불평불만을 일삼고 울며불며 신음하는 자들은 자기 의사와
상관없이 억지로 명령을 수행하기 위해 이끌려가는 꼴에 불과
합니다. 자기 발로 따라나서지 않고 억지로 끌려간다는 것이
제정신으로 가능한 것인가요?

어딘가 부족함이 있거나 어떤 가혹한 일 때문에 고통을 겪었
다는 이유로, 아니면 질병이나 죽음, 육체적인 불구 혹은 인생
을 살아감에 있어 어떤 장애물을 만났다는 이유로, 우리가 지
나치게 흥분하고 후회한다면 그 또한 어리석고 바보 같은 짓이
아닐까요?

우주의 법칙이 흘러가는 결과로 인해서 고통을 겪어야 한다면 마땅히 참고 이겨내야 할 것입니다. 인간의 힘으로는 도저히 피할 수 없는 가혹한 운명 앞에서 당황하지 않고 참고 견디는 것은 우리가 신에게 엄숙히 선서했던 바가 아닌가요.

우리는 신의 지배 아래 세상에 태어났습니다. 그러니 신에게 복종하는 것은 결국 우리의 자유의지에 따른 것입니다.

누군가에게 올 수 있는 불행은
내게도 언제든 올 수 있습니다

　부유함 뒤에는 언제나 궁핍과 빈곤, 구걸이 뒤따르기 마련입니다. 관복을 입고 지팡이를 짚고 값비싼 구두를 신은 자들의 뒤에는 불결함이라는 치욕스러운 낙인과 수천 가지의 얼룩, 그리고 극도의 경멸감이 뒤따르기 마련입니다. 그 어떤 왕국이 파멸과 전복, 그리고 독재와 사형 집행인을 맞이하지 않을 거라고 생각하는가요? 이 모든 것들은 서로 멀리 있지 않습니다. '왕좌에 앉느냐, 아니면 왕좌 아래 엎드리느냐'는 간발의 차이일 뿐입니다.

　그렇기 때문에 지금 상황이 언제라도 바뀔 수 있다는 점을 깨닫고 항상 조심해야 합니다. 누군가에게 일어날 수 있는 불행은 우리에게도 일어날 수 있습니다.

　과거 폼페이우스(로마 공화정 말기의 위대한 장군이자 정치가-옮긴이)보다 더 부유한 사람이 있었을까요? 하지만 폼페이우스가 살던 집의 새 주인인 카이사르(로마 공화정 말기의 정치가로 폼페이우스와의 내전에서 승리하면서 권력을 장악함-옮긴이)가 그의 집을 부수고 자신의 집을 내주었을 때, 폼페이우스는 당장 마실 물도 빵도 없는 상태였습니다. 자신이 가진 영토 위로 흘러서 바다와 맞닿는 강물이 있었지만, 마실 물을 구걸해야 했습니다. 그렇게 폼페이우스는 친척이자 정적인 카이사르가 내어준 궁전 같은 집에서 갈증과 배고픔에 지쳐 죽어갔습니다. 그가 배고픔으로 크게 고통받는 사이, 폼페이우스의 재산을 상속받게 될 장본인은 공식적으로 장례를 치르기 위해 열심히 준비하고 있었습니다.

　과거 최고의 권력을 쥐었던 사람도 다르지 않습니다. 과거 세야누스(티베리우스 황제 때 로마 제국의 최고급 행정관료이자 권신-옮긴이)만큼 더 명망 높고 추앙받는 자리에 있었던 이가 있었던가요? 원로원의 호위 아래 집으로 귀가한 세야누스는 그날 밤 수많은 백성들의 손에 찢겨 죽음을 맞았습니다. 백성들과 신들이 그에게 엄청난 명예를 주었지만, 그날 이후 티베르 강에 뿌릴 만한 제대로 된 살점 하나 남지 않았습니다.

한 나라의 왕으로 군림한 사람은 다르다고요? 생전에 자신의 몸을 불태울 화장용 장작더미가 활활 타올랐다가 꺼지는 것을 보았고, 자신의 왕국과 본인의 죽음보다 더욱 오랜 세월을 살았던 리디아왕 크로이소스를 찾아가보라고는 말하지 않겠습니다. 자신의 왕국을 두려움에 떨게 한 지 일 년 만에 주검으로 전시되었던 누미디아 왕 유구르타를 찾아가보라고도 하지 않겠습니다. 우리는 호위무사 사이로 끌려가던 아프리카 왕 프톨레마이오스와 아르메니아 왕 미트리다테스를 지켜본 적이 있습니다. 그 중 하나는 멀리 추방되었고, 다른 하나는 무사히 호송해준다는 조건 아래 간절하게 석방을 청했습니다.

이렇듯 운명의 여신이 언제 울고 웃을지 모르는 인생을 살아가야 한다면, 우리에게 닥칠 수 있는 모든 경우의 수를 헤아려보아야 합니다. 그렇지 않으면 스스로를 불운에 내맡기는 꼴이 됩니다. 그 강력한 불운의 힘을 꺾으려면 미래를 내다볼 수 있어야만 합니다.

내 인생의 목표가 무엇인지
정확히 알아야 합니다

　우리는 그저 빛을 찾아 더듬거리며 나아갈 뿐입니다. 행복한 삶을 성취하기 힘든 이유는 바로 이 때문입니다. 행복을 찾기 위한 우리의 의지가 강할수록 오히려 잘못된 길로 들어서기가 쉽습니다. 일단 반대쪽 길로 들어서면 목표에서 점점 멀어지게 마련입니다.

　우리는 먼저 원하는 목표가 무엇인지 정확히 알아야 합니다. 그다음에는 목표를 향해 최대한 빨리 갈 수 있는 길을 찾아야 합니다. 일단 올바른 길에 들어섰다면 하루하루 어느 정도 왔는지 가늠할 수 있으며, 자연스러운 욕구를 따라서 그 목표까지 얼마나 가까워졌는지 알 수 있을 것입니다.

이리저리 떠돌며 길잡이의 안내도 없이 사방천지에서 들리는 외침에 따라 걷는다면 온갖 실수 속에서 평생을 살아가야 할 것입니다. 아무리 건전한 마음을 가지기 위해 밤낮 없이 노력한다고 해도 그런 인생은 짧을 수밖에 없습니다.

그렇기 때문에 어떤 목표를 향해서 나아갈지, 어떤 길로 갈지를 경험이 많은 길잡이의 도움을 받아서 명확히 결정해야 합니다. 인생 여정은 여타의 여행과는 많은 부분에서 다르기 때문입니다.

보통의 여행이라고 하면 그저 잘 알려진 길로 가서 주변 사람들에게 물어물어 찾아가면 될 일입니다. 하지만 우리가 생각하는 행복으로 가는 길은 가장 많은 사람들이 지나갔고 널리 알려져 있는 길로 포장되어 있어 오히려 속임수인 경우가 빈번합니다.

인생 여정에서 가장 중요한 핵심은 우리가 가야 할 길이 아닌 목동을 따르는 양떼처럼 그저 많은 사람들이 가는 길로 향하지 않는 것입니다. 사람들 사이에 떠드는 루머만 믿고 다들 좋아한다는 핑계로 맹목적으로 이를 향해 가는 것만큼 우리를 커다란 불행으로 이끄는 일은 없습니다.

이성을 따르지 않고 남들처럼 맞춰진 공식에 따라 사는 것은 피해야 합니다. 그렇게 살다 보면 앞 사람이 넘어지면 그 뒤로 줄줄이 넘어진 사람들이 높이 쌓여 결국 몰락하게 됩니다.

사람들이 서로 밀치고 넘어지다 보면 군중 사이에서는 일대 혼란이 벌어집니다. 누구든 자기가 쓰러질 것 같으면 주변 사람을 끌어당기게 마련이라 반드시 뒷사람까지 함께 넘어져 파멸하게 됩니다. 이런 모습은 인생을 살면서 어렵지 않게 목격할 수 있습니다. 그 누구도 혼자서만 길을 잃고 헤매지 않으며, 다른 사람이 길을 헤매도록 만드는 원인까지 제공하게 마련입니다. 이 때문에 맹목적으로 다른 사람의 선례를 따르는 것은 해롭기 짝이 없는 일입니다.

스스로의 판단을 따르기보다 앞선 사람을 따라 걷다 보면 제대로 판단하는 법을 배우지 못하고 남의 말만 믿고 싶어집니다. 그렇게 잘못된 선례가 이 사람, 저 사람에게 이어지다 보면 결국 모두가 파멸에 이르고 마는 것입니다. 그러므로 우리는 무작정 남이 하는 대로 따라 살기보다는 군중과 멀찌감치 떨어져 건강한 삶을 회복하려고 애써야 합니다.

다수의 선택을 받은 것과
나의 행복은 상관이 없습니다

대부분의 사람들은 악덕을 옹호하고 이성에 맞서는 태도를 취합니다.

이는 선거 유세장에서도 자주 목격할 수 있습니다. 선거가 끝나고 민심이 뒤바뀌면 막상 내가 뽑은 후보가 왜 당선되었는지 모르겠다고 의아해하는 모습을 보이니 말입니다. 똑같은 사람인데 처음에는 칭찬일색이다가 나중에는 온갖 비난을 한몸에 받습니다. 무작정 다수의 의견에 따르다 보면 이런 일은 비일비재하게 벌어집니다.

행복한 삶에 대해 이야기할 때만큼은 투표를 앞둔 유권자들이 흔히 말하는 것처럼 행동하면 안 됩니다. "저쪽에 사람이 더 많이 몰린 것 같아." 이는 정말 잘못된 선택입니다. 흔히 사람들은 다수의 선택을 받은 것이 더 나은 것이라고 믿지만 사실 군중이 선택한 것이 최악인 경우가 생각보다 많습니다.

다수의 선택을 받은 것이 무엇인지 궁금해할 것이 아니라 무엇이 최선인지 꼼꼼히 따져 물어야 합니다. 또한 진리를 제대로 해석하지 못하는 군중의 마음을 이끈 것을 궁금해할 것이 아니라 무엇이 나에게 지속적인 행복을 가져다줄지 고민해야 합니다. 여기서 군중이라는 의미는 높은 관직에 오른 사람들까지 포함된 것입니다.

영혼의 눈으로 진실을 찾아야
어둠 속을 비틀거리지 않습니다

얼마나 좋은 옷으로 몸을 감싸고 있는지는 전혀 중요하지 않습니다. 또한 겉모습만 보고 사람을 판단하지도 말아야 합니다. 진실과 거짓을 구분하기 위해서는 마음의 눈으로 바라볼 수 있어야 합니다.

영혼의 눈으로 진실을 찾을 수 있도록 하세요. 언젠가 영혼이 잠시 뒤로 물러나 속내를 고백할 수 있는 때가 온다면, 다소 자책감은 들겠지만 이렇게 진실을 고백할 수도 있을 것입니다.

"지금까지 내가 했던 일들을 하지 않았더라면 얼마나 좋을까! 지금까지 내가 했던 말을 돌이켜보니, 차라리 벙어리였으면 싶다. 내가 했던 모든 기도들이 적들의 저주와 같고, 내가 두려워했던 일들은 알고 보니 대단히 위대한 것들이었다. 많은 이들과 적이 되었지만, 이후 적개심을 버리고 사악한 것과도 우정을 나누는 것이 가능하리라 믿고 다시 우정을 쌓았다. 하지만 나 자신과는 아직도 적으로 지내고 있다. 수많은 군중 사이에서 눈에 띄고 싶어 죽도록 노력했다. 하지만 그 결과 스스로를 악의에 노출시키고 상처받기 쉬운 틈새를 보인 꼴이 되었구나."

당신의 발언에 찬사를 보내고, 당신이 가진 부유함을 좇고, 당신의 호감을 사려고 노력하며, 당신의 권력을 칭송하는 자들이 보이는가요? 그들은 당신의 적이거나 혹은 적이 될 가능성을 가진 자들입니다. 부러움의 눈으로 바라보는 군중 뒤에는 시기심의 얼굴이 반드시 도사리고 있게 마련입니다.

그렇다면 눈에 보이지는 않지만 영혼으로 느낄 수 있는 진정한 선을 추구하는 편이 어떠한가요? 타인의 시선을 끌고 그들을 멈춰 서게 하는 것, 입을 떡 벌리고 손가락으로 가리키게 만드는 것들은 겉모습만 그럴싸할 뿐 속이 빈 강정처럼 아무 가치도 없습니다.

우리는 겉만 그럴싸한 것이 아니라 무언가 견고하고 균형 있으며, 아름다운 속내를 숨기고 있는 것을 찾으려고 노력해야 합니다. 이러한 것은 결코 멀리 있지 않습니다. 어디로 손을 뻗어야 하는지만 안다면 충분히 찾을 수 있습니다. 하지만 우리는 바로 눈앞에 갈망하는 목표가 있는지도 모른 채 어둠 속을 비틀거리며 걸어가고 있습니다.

3장

덧없는 쾌락을
좇지 말고
이성적으로
행동해야 합니다

Seneca

행복한 삶을 이루기 위한
삶의 세 가지 태도

스토아학파에서 강조하듯, 저 역시 자연이라는 안내자의 중요성에 무게를 두는 쪽입니다. 지혜란 자연에서 벗어나지 않고 자연의 법칙과 자연이 보여주는 선례를 따라서 자신을 형성해 나가는 과정입니다. 따라서 자연의 본성과 조화를 이루는 것이 바로 행복한 삶입니다.

행복한 삶을 이루기 위해서는 다음과 같은 세 가지 태도가 필요합니다.

첫 번째로는 건전한 정신을 가지고 꾸준히 분별을 유지하려는 태도가 필요합니다.

두 번째로는 용감하고 활기가 넘치며 고귀한 인내와 어떤 상황이 와도 적응하려는 태도, 신체와 여타의 욕구에 귀를 기울이되 지나치게 집착하지 않는 태도가 필요합니다.

마지막으로 삶의 가치를 고양시키는 것들에 집중하되 과도한 평가를 자제하는 자세, 행운의 여신이 주는 선물을 감사한 마음으로 받되 돈의 노예가 되지 않으려는 자세가 무엇보다 중요합니다.

공포와 욕망이 닿을 수 없는 곳에
행복한 삶이 있습니다

인간이 가진 선(善)의 개념은 같은 의미를 가진 다른 단어로도 표현할 수 있습니다. 이는 군대가 똑같은 시간에 작전 지역에 배치되지만, 때로는 멀리 떨어진 곳에 때로는 가까운 곳에 자리하고, 때로는 양쪽으로 날개를 펼친 형태로 혹은 중앙을 비운 동그란 원형으로, 아니면 적진을 앞에 두고 직선으로 길게 정렬되어 있는 것과 같습니다.

병사들이 어떤 형태로 정렬되든지 그 힘은 달라지지 않으며, 똑같은 이유로 전투에 임하는 것이 변함없는 것처럼, 우리 인간이 가진 최고의 선이라는 개념도 때로는 조금 크게 확대될 수도 있고, 때로는 압축되어 짧게 표현될 수도 있습니다.

"최고의 선이란 우연히 벌어지는 일들을 무시하고 미덕을 즐기려는 마음가짐에 있다"라고 말하거나, "최고의 선이란 절대로 흔들리지 않으며, 경험이 풍부하고 차분하게 행동하면서 타인에게 친절을 베푸는 마음의 힘이다"라고 말한다 해도 본의는 똑같습니다.

다음과 같이 정의할 수도 있습니다. 선한 것과 악한 것 이외에는 어떤 선이나 악도 존재하지 않는다고 생각하며 사는 사람이 진정 행복한 것이라고 말입니다. 또한 명예를 귀히 여기며 미덕에 만족하고, 우연히 찾아온 것에 지나치게 우쭐해하거나 기세가 꺾이지도 않고, 스스로 취할 수 있는 선보다 더 위대한 것을 알지 못하며, 쾌락을 한낱 헛된 것으로 여기는 사람이 바로 행복한 사람이라고 말입니다. 이처럼 생각과 내용은 그대로 두고 의미를 더욱 확장시켜서 최고의 선을 다양한 표현으로 정의할 수 있습니다.

자유는 행운의 여신에게 무관심할 때만 얻을 수 있습니다. 그래야만 평온으로 인한 안락함과 숭고한 정신, 즉 그 가치를 따질 수 없는 정도의 축복을 받을 수 있습니다. 일단 두려움을 극복하고 나면 진정한 진리를 인지할 수 있고, 이를 통해서 어떤 경우에도 흔들리지 않는 커다란 즐거움을, 그저 소소한 선이 아닌 진정한 선으로 인해 생겨나는 부드러움과 쾌활함을 내보일 수 있게 되는 것입니다.

행복한 삶이란 독립적이고 곧으며, 두려워하거나 흔들리지 않고, 공포와 욕망이 닿을 수 없는 곳에 있습니다. 명예로운 것을 유일한 선으로 치욕스러움을 유일한 악으로 여기며, 그 외의 것들은 삶에 영향을 미치지 않기에 최고의 선이 태어나고 사라지는 데 상관이 없으니 아무런 가치가 없는 것으로 여기는 정신 자체를 행복한 삶이라고 말하지 못할 이유가 있을까요?

이러한 생각을 바탕으로 살아가는 사람은 본인의 의지와 상관없이 내면으로부터 진정한 즐거움을 느낄 수 있고, 항상 쾌활하며 진정한 행복을 누릴 수 있게 될 것입니다. 그 사람은 자신이 가진 것을 즐길 줄 알고 마음에 있는 즐거움 이상의 것을 욕심내지 않기 때문입니다. 그 정도 즐거움이라면 한낱 비천한 육체의 소소하고 일시적인 충동 따위와 충분히 맞설 수 있지 않겠습니까?

욕망과 두려움에서 자유로워야
진정으로 행복할 수 있습니다

진정으로 행복한 사람이 누구냐고 묻는다면, 저는 이성이라는 선물에 감사하며 욕망과 두려움에서 자유로운 사람이라고 답하겠습니다. 딱딱한 바위도 두려움과 슬픔에서 자유롭고 농장에서 자라는 가축들도 자유롭지만, 그 누구도 이들을 행복하다고 말하지 않습니다. 바위나 가축들은 진정한 행복을 인지하지 못하기 때문입니다.

자연에 무감하고 자의식이 부족해 무생물이나 다를 바 없는 사람들도 그 안에 포함됩니다. 그들은 가축이나 다를 바 없습니다. 가축은 이성이 없고, 무생물이나 다를 바 없는 사람들은 이성을 오용해 오히려 본인에게 해를 끼치는 방향으로 사용하기 때문입니다. 진리의 경계 너머로 내팽개쳐진 사람들은 그 누구도 행복하다고 말할 수 없습니다.

'진짜 행복한 삶'이란 신뢰할 만하고 올바른 판단에 바탕을 두고 있어 어떤 경우에도 흔들리지 않는 것입니다. 그때에만 우리 마음에 먹구름이 걷히고 자유로워질 수 있습니다. 그 결과 심각한 상처나 작은 상처에 다치지 않고, 운명의 여신이 아무리 위협적으로 나온다고 해도 자신이 서 있는 자리에서 흔들리지 않을 수 있습니다.

이성적인 판단을 할 수 있는 사람은 행복합니다. 현재 상황이 어떻든 그것에 만족하고 눈높이를 맞추기 때문입니다. 자신이 존재하고 있는 현재 상황에 맞추어 이성적으로 행동하는 사람이 진정 행복한 사람입니다.

인간의 진정한 행복은
미덕 안에 존재합니다

진정한 행복은 미덕 안에 존재합니다. 미덕이 우리에게 어떤 조언을 할까요? 미덕이나 악덕으로 인한 결과물이 아닌 것은 절대 선이나 악으로 여겨서는 안 된다고 조언할 것입니다. 그리고 악을 마주하거나 선을 즐기게 되더라도 가능한 한 신을 닮기 위해 노력해야 한다고 조언할 것입니다.

그렇게 사는 것에 대한 대가로 미덕은 우리에게 무엇을 약속할까요? 신들이나 누릴 법한 엄청난 축복을 인간에게 줄 것입니다. 그 어떤 것에도 종속되지 않으며, 아무 부족함 없이 마음껏 자유를 누리고 안전한 가운데서 어떠한 해도 입지 않을 것입니다. 헛된 시도를 하지도 않을 테고 방해받는 일도 절대 없을 것이며, 모든 것이 우리의 소망대로 이루어지고 적대적인 일을 겪지 않으며, 기대와 희망에 어긋나는 일은 결코 벌어지지 않을 것입니다.

미덕 하나면 행복한 삶을 사는 데 충분한 것일까요? 미덕이 완벽하고 신성한 것이라면 어찌 부족함이 있을까요? 그 정도면 충분하지 않을까요? 우리가 소망하는 것 이상을 얻을 수 있다면 무엇이 더 필요할까요? 필요한 모든 것을 자기 안에 가지고 있다면 그 이외에 더 필요한 것이 있을까요?

미덕을 추구하고 충분히 성장했다고 해도 운명의 여신이 친절을 보이는 것 정도는 필요할 수 있습니다. 그리고 인간으로서 맺고 있는 유한한 매듭을 풀 수 있을 때까지 인생과 맞서 싸워야 할 것입니다.

그렇다면 어떤 차이가 있을까요? 어떤 사람은 그 매듭에 묶여 있고 또 어떤 사람은 꽁꽁 매여 살지만, 저 높은 자리에 오른 사람들은 매듭에 묶여 있어도 충분히 움직일 수 있기에 아직 완벽히 자유롭지는 않아도 이미 자유를 얻은 것이나 매한가지라는 점입니다.

덧없는 쾌락을 탐하는 이는
늘 불안하고 두렵습니다

쾌락의 순간은 너무나 짧고 덧없는 것이며, 소소한 잘못이 더해져 그 순간이 더욱 줄어들게 마련입니다. 그들은 하나의 쾌락에 만족하지 못한 채 여기저기 기웃거리고 한군데 정착하지 못합니다. 그래서 낮이 길게 느껴질 뿐만 아니라 따분한 나머지 죽고 싶은 감정에 시달릴 것입니다. 반대로 유흥주점에 가서 여자 품에 안긴 채 술을 퍼마시며 보내는 시간은 너무도 짧게 느껴질 것입니다.

잘못된 이야기로 인간들에게 변명거리를 제공하는 광기 어린 시인들에게도 문제가 있습니다. 시인들은 주피터, 즉 제우스(우주를 주관하는 '신들의 왕'으로, 엄청난 바람기의 소유자였음 - 옮긴이)가 애인의 품에 안겨 사랑을 나누고 싶은 욕심이 지나쳐 밤을 두 배로 늘린 것이라고 표현했습니다.

이렇듯 신의 이야기를 본보기로 삼아서 그들의 병적인 욕망을 허락하고 용인한다면 인간의 악덕에 불을 지피는 것이 아닐까요? 엄청난 대가를 치르고 얻은 밤들이 그들에게는 너무나 짧은 것으로 보이지 않겠습니까? 어두운 밤을 기다리느라 낮 시간을 허비했고, 또 밤에는 낮을 기다리며 두려움에 떨 테니까 말입니다.

그런 자들은 쾌락을 즐기면서도 온통 불안하고 두렵기만 할 것입니다. 최고로 신이 나야 할 순간에도 불안에 잠겨 이렇게 생각할 것입니다. "언제까지 이 시간이 계속될까?"

술과 욕정, 야망과 탐욕에
시간을 낭비하지 마세요

술과 욕정에 모든 시간을 할애하는 사람들보다 더 어리석은 것에 몰두한 자들이 있을까요?

야망이라는 헛된 꿈에 사로잡힌 자들만 해도 겉보기에는 그 럴싸해 보입니다. 이렇듯 탐욕이나 화, 혹은 부당한 증오심과 전쟁에 집착하는 자들의 이름을 열거해보면 '호전적인 사람'이 라는 변명의 여지라도 있을 텐데, 자기 발로 욕정에 완전히 굴 복해버린 자들의 불치병은 그저 불명예스러운 것에 지나지 않 습니다.

술과 욕정에 찌든 자들이 얼마나 많은 시간을 허비하고 있는
지 살펴보죠. 온갖 술수를 꾸미고 두려움에 떨며 주색을 찬양
하고 흥청망청 시간을 보내며 음주를 즐기고 헛돈을 주고받으
며 일상처럼 술자리를 즐깁니다. 그들의 행동이 좋게 보이건
나쁘게 보이건, 누가 봐도 숨 쉴 틈조차 없이 빡빡하게 흘러가
고 있다는 것을 알 수 있습니다.

짜릿한 쾌락을 기대할수록
영혼은 더욱 비참해집니다

우리를 지나치게 흥분시키거나 놀라게 만드는 것들을 없애 버리면 평온과 자유의 상태에 이를 수 있다는 점은 따로 언급하지 않아도 알고 있으리라 믿습니다.

일단 소소하고 일시적인 쾌락과 고통이 사라지고 나면, 그 자리에는 견고하고 변함없는 커다란 기쁨이 자리할 것입니다. 그 뒤로 평화와 조화로운 마음, 고귀함이 마음속에 피어오를 것입니다. 온갖 잔인한 욕구들은 바로 나약함에서 야기되기 때문입니다.

쾌락을 정복하는 그 날, 고통도 충분히 정복할 수 있습니다. 주변에서 흔히 볼 수 있듯이 육체의 쾌락과 고통에 사로잡힌 자들은 사악하고 고통스러운 노예 생활을 하게 마련입니다. 우리는 그런 무절제한 독재자에게서 탈출해 자유를 쟁취해야만 합니다.

쾌락은 도처에 나타나서 온갖 사탕발림과 갖가지 수단을 동원해 우리 마음을 현혹시키려고 무던히도 애씁니다. 조금이라도 인간적인 부분이 남아 있는 사람이라면 낮과 밤을 가리지 않고 쾌락에 휩쓸려 영혼마저 나태해진 상태로 육체를 내팽개치겠습니까?

누군가는 이렇게 반문할 수도 있습니다.

"하지만 우리 인간의 영혼도 나름대로 쾌락을 누릴 수 있습니다."

물론 우리의 영혼도 나름대로 쾌락을 누리고 사치와 쾌락을 자기 기준에 따라 평가할 수 있습니다. 또한 갖가지 감각을 기쁘게 해주는 것들을 마음껏 누리고, 이제는 사라져버린 쾌락을 반추하고 과거의 경험을 뿌듯하게 돌이켜볼 수도 있습니다. 혹은 앞으로 다가올 짜릿한 쾌락을 기대하면서 현재를 사는 동안 여러 가지 희망을 가질 수도 있을 것입니다.

하지만 그럴수록 우리의 영혼은 더욱 비참해지게 마련입니다. 좋은 것을 두고 굳이 나쁜 것을 선택하는 것은 비정상적인 행동이기 때문입니다. 미래에 다가올 쾌락에 정신이 팔려 현재의 삶에서 최상의 선택을 하지 못하는 사람은 정상이 아니며, 비정상적인 행동을 하는 사람은 절대로 인생의 행복을 얻을 수 없습니다.

쾌락이 아닌 자연을
인생의 안내자로 삼으세요

최고의 선은 사신(死神)의 손이 닿지 않는 곳에 있고, 한계가 끝이 없어 과도함과 후회를 견뎌낼 필요가 없습니다. 올바르게 서 있는 영혼은 정해진 경로를 이탈하지 않으며, 스스로에게 역겨움을 느끼거나 쉽사리 뒤바뀌지 않고 그 자체로서 완벽합니다.

하지만 쾌락은 극도의 즐거움을 느끼는 순간 소멸되어버리고 맙니다. 쾌락은 넓은 공간을 필요로 하지 않아 재빠르게 공간을 가득 채웠다가도 금세 지치고 힘을 잃게 마련입니다.

쉽게 움직이는 것들은 신뢰하기 힘든 법입니다. 재빠르게 나타났다가 사라지는 것과 극도의 즐거움을 느끼는 순간 소멸하는 것에는 본질이 존재할 수 없습니다. 멈추어 서야 할 곳에서 어딘가로 나아가고, 시작하는 순간 끝을 찾으려고 하기 때문입니다.

쾌락은 악한 것에만 존재하는 것이 아니라 선한 것에도 존재하고 있습니다. 품위 있는 사람들이 우아한 것에서 즐거움을 찾듯이 불명예스러운 것들은 추악한 자들에게 기쁨을 줍니다. 그래서 선조들이 쾌락을 올바르고 가치 있는 삶의 안내자가 아니라 한낱 욕망으로 여기고 벗으로 삼아야 한다고, 최고로 즐거운 것을 따르기보다는 최선의 삶을 살아야 한다고 말했던 것입니다.

따라서 우리는 자연을 인생의 안내자로 삼아야 합니다. 인간의 이성은 자연을 따르고 자연에서 조언을 구하기 때문입니다. 행복한 삶을 영위하는 것과 자연을 따라 사는 것은 같은 맥락입니다.

쾌락을 주는 것들에게
주도권을 내주지 마세요

우리는 타고난 육체적인 본성과 자연의 욕구를 세심하고 용감하게 지켜내야만 진정 쓸모 있는 것으로 만들 수 있습니다. 다만 이것은 우리가 육체적 본성과 자연의 욕구의 노예가 되지 않게 하고, 다른 것들이 우리를 장악하지 못하도록 하며, 육체적인 쾌락을 주는 것들과 낯선 것들에게 주도권을 내주지 않고 정해진 자리에 머물도록 할 때만 가능합니다.

낯선 것들이 우리를 절대 해하지 못하도록 절대로 물러서지 않아야 하며, 오롯이 자기 인생을 설계할 수 있어야 합니다. 다시 말해 자존감을 가지고 최후의 순간에 충분히 대비해야 한다는 것입니다.

그러기 위해서는 지식의 부족함이 없어야 하며, 지식에 바탕을 두고 결단을 내릴 수 있어야 합니다. 일단 결심을 굳히면 끝까지 밀고 나가 절대로 바꾸는 법이 없어야 합니다.

따로 설명하지 않아도 알겠지만, 그런 사람은 균형 잡혀 있으며 질서를 제대로 유지해 모든 행동에 친절한 본성과 고매함을 보일 것입니다.

이성을 통해 최고의 선을
이룰 수 있게 됩니다

이성이 진리를 얻기 위해서는 다른 뾰족한 출발점이 없기 때문에 보통은 감각의 자극을 받아서 다시 내면으로 복귀합니다.

온 세상을 품고 우주를 좌우하는 신조차 외부를 향해 나아가지만, 어디로 가든 결국 내면을 향해 돌아오게 마련입니다. 우리의 영혼도 그렇게 움직이도록 해야 합니다. 즉 감각을 따라서 외적인 것들을 향해 나아갔다가 외적인 것과 스스로를 모두 자신의 것으로 만들 수 있도록 해야 합니다.

이런 삶의 방식을 통해서 자신과 조화를 이룰 수 있는 소소한 에너지와 힘이 생깁니다. 또한 자아와 대립하는 대신 의구심을 품지 않아도 되는 확고한 의견과 개념 그리고 믿음이 생기게 됩니다.

이성은 스스로를 조화롭게 하고 다른 모든 것들과 조화를 이룰 수 있게 만들어, 말 그대로 아름다운 화음을 통해 최고의 선을 이룰 수 있게 해줍니다. 그 이후부터는 잘못 뒤틀리거나 이성을 흔들고 위협하며 넘어트리려고 하는 온갖 위협들이 완전히 사라지게 될 것입니다.

이럴 때 우리는 마침내 오롯이 자기 의지에 따라서 행동하고, 예기치 못한 위험에 처하지 않을 수 있게 됩니다. 모든 행동에는 좋은 결과가 따르고, 모든 일은 지체되는 일 없이 순조롭게 술술 해결될 것입니다. 주저함과 나태함은 본인의 결심에 자신이 없고 갈등하고 있음을 보여주는 반증입니다.

따라서 최고의 선은 바로 '영혼의 조화'라고 과감히 주장해도 좋습니다. 조화와 화합이 있는 곳에 미덕이 존재하며, 악덕은 불화를 조장하게 마련이니까요.

완전히 다른 쾌락과 미덕을
한 수레에 담지 마세요

　최고의 선을 쾌락과 동일한 선상에 두었던 사람들도 그것이 선에게 얼마나 불명예스러운 자리인지 알고 있습니다. 그래서 쾌락은 미덕과 따로 떨어져 생각할 수 없는 것이며, 즐겁게 살지 않고서는 명예롭게 살지 못하고, 명예롭게 살지 않으면 즐겁게 살지 못한다고 억지 주장을 합니다. 하지만 완전히 다른 두 가지의 것을 어떻게 하나의 수레에 담으려고 하는지는 전혀 이해되지 않습니다.

　사람들은 왜 쾌락과 미덕을 따로 떨어트려 생각할 수 없다고 하는 것일까요? 모든 선한 것들이 미덕에서 비롯되며, 우리가 사랑하고 갈망하는 것들이 미덕에 뿌리를 두고 있기 때문인가요? 만약 미덕과 쾌락이 결코 분리될 수 없는 것이라고 한다면 어떠한 이유로 즐겁지만 명예롭지 못하며, 반대로 명예롭지만 고통을 겪어야만 힘들게 누릴 수 있는 것이 존재하겠습니까?

최고로 수치스러운 삶이라고 해도 그 속에는 쾌락이 존재합니다. 하지만 미덕은 사악한 것을 용인하지 않습니다. 어떤 사람은 쾌락이 없어서가 아니라 쾌락 그 자체 때문에 불행하게 살아갑니다. 그렇다면 쾌락과 미덕은 떼려야 뗄 수 없는 관계에 있지 않다는 증거가 아닌가요. 때때로 미덕은 쾌락과 함께하지 않으며, 반드시 쾌락을 필요로 하지도 않습니다.

왜 사람들은 서로 어울리지 않는 것들을 하나로 합치려고 할까요? 미덕이란 숭고하고 고양된 것이며, 고귀하고 쉽게 쓰러트릴 수 없으며 지치지 않는 것입니다. 반면 쾌락은 저급하고 노예와 같아 나약하고 쉽게 쓰러지며, 허름하고 더러운 술집을 거처로 삼습니다.

미덕은 신전과 토론장, 원로들이 모인 회의장에서 쉽게 찾을 수 있습니다. 때로는 성벽 앞에 서 있기도 하며, 먼지를 뒤집어

쓰고 뜨거운 햇볕에 그을린 채 손바닥에 못이 박힌 모습으로 눈에 띄기도 합니다.

반대로 쾌락은 사람들의 시선을 피해서 목욕탕이나 한증막처럼 어두운 곳으로 찾아듭니다. 대부분 나약하고 힘이 빠진 상태로, 술과 향수에 절어 진한 화장으로 치장한 채 창백한 모습으로 눈에 띕니다.

미덕보다 나은 것은 없고
그 자체로 충분한 보상입니다

물론 누군가는 이런 반론도 제기할 수 있습니다.

"당신도 어떠한 쾌락을 기대하는 마음 때문에 맹목적으로 미덕을 추구하는 것일 수도 있습니다."

설사 미덕이 쾌락을 가지고 온다고 해도 쾌락을 얻기 위해서 미덕을 추구하는 것이라고 할 수는 없습니다. 만약 미덕이 쾌락을 가져온다면 다른 목표를 추구하다 보니 우연히 쾌락을 덤으로 얻게 되는 것입니다.

이는 옥수수를 심기 위해서 들판을 갈아엎었는데 우연히 그 자리에 아름다운 꽃이 피어난 것과 같은 이치입니다. 옥수수

씨를 뿌리려던 농부가 일부러 그 어린 꽃을 키우려고 한 것이 아닌데도 자기 의도와 상관없이 덤으로 꽃이 자란 것처럼 말이지요.

쾌락 또한 미덕으로 인한 보상이나 미덕을 추구하는 원인이 아니라 그저 덤으로 얻는 것에 불과합니다. 미덕이 즐거움을 준다고 해서 쾌락을 주는 것이 아니듯 그저 즐거움을 얻기 때문에 더불어 쾌락을 느끼는 것입니다.

최고의 선은 이를 선택하는 자세와 마음가짐이 완벽히 조화를 이룰 때 찾을 수 있습니다. 자신이 정한 목표를 향해서 끝까지 나아가고 정해진 한계를 지킬 때만 최고의 선이 완성되며, 그 이상의 것은 바라지 않아야 합니다. 완전체를 넘어선 곳에는 그 무엇도 존재하지 않으며, 최종 한계 너머에는 어떠한 목표도 존재하지 않습니다.

그러니 어떤 이유로 미덕을 추구하느냐고 질문하는 것 자체가 잘못된 것입니다. 그건 최고의 선 너머에 무엇이 있느냐고 묻는 셈이니까요. 미덕으로부터 무엇을 기대하느냐고 묻는 것인가요? 미덕은 그 자체를 바랍니다. 미덕보다 나은 것은 없고, 그 자체로 충분한 보상입니다.

미덕만으로 충분한 보상이 되지 않는다고 생각하시나요? 만약 이 질문에 제가 이렇게 대답한다면 어떤가요?

"최고의 선은 절대 양보하지 않는 견고한 영혼의 본성이며, 그 자체로 선견지명과 숭고함, 건전함, 자유, 조화와 아름다움을 가지고 있습니다."

그래도 더욱 그럴싸한 대답을 해달라고 조를 텐가요? 왜 쾌락이라는 저급한 자질을 들먹이나요? 저는 인간의 선을 추구하는 것이지, 육체적인 즐거움을 논하는 것이 아닙니다. 그 부분이라면 오히려 소떼나 야생동물을 통해 더 쉽게 규명할 수 있을 것입니다.

쾌락을 위해서라면
아무것도 하지 않아야 합니다

저의 대답에 이렇게 다시 반문할 수도 있을 것입니다.

"제 말을 왜곡하고 계시군요. 제 말의 요점은 명예롭게 살지 않고서는 즐겁게 살 수 없다는 것입니다. 그런데 말 못하는 짐승이나 오직 먹는 것에서만 즐거움을 느끼는 부류의 인간에게는 품위 있게 산다는 것이 불가능한 게 아닌가요? 그렇다면 방금 전에 말했던 즐거운 삶이란 미덕 없이는 불가능한 일이 아닙니까?"

쾌락에 온통 정신을 빼앗긴 채로 사는 자들이 가장 어리석은 바보라는 사실을 모르는 사람이 있을까요? 쾌락에는 사악함이 도사리고 있으며, 영혼을 해치는 온갖 저급한 쾌락을 불러오게 마련입니다.

예를 들어 오만함과 자신이 가진 장점에 대한 과대평가, 타인을 얕보며 잔뜩 부풀어 오른 자신감, 자기 관심사에 대한 맹목적이고 지각없는 편애, 소소하고 철없는 이유로 불거진 사치, 게다가 세 치 혀와 타인을 모욕하며 느끼는 교만함, 게으름, 그리고 매사 느릿느릿 행동하는 영혼의 무기력함 같은 것들 말입니다.

미덕은 그 모든 것들을 조각조각 흩어내고 혼쭐을 내어서 섣불리 쾌락을 허용하기 전에 엄격히 평가합니다. 만약 미덕이 쾌락을 허락하고 즐거움을 느낀다고 해도 절대로 쾌락을 이용하지 않으며, 이를 미미한 것으로 여겨 최대한 절제하려고 합니다. 하지만 절제한다는 것 자체가 쾌락을 감소시키기 때문에 최고의 선에 해로운 영향을 끼치게 마련입니다.

보통은 쾌락을 포옹하지만 저는 쾌락을 제한합니다. 다들 즐거움을 만끽하려 들지만 저는 이를 이용합니다. 쾌락을 최고의 선으로 여기는 자들도 있지만 저는 좋을 것이 하나도 없다고 봅니다.

쾌락을 위해서라면 무엇이든 하는 사람도 있지만 저는 아무 것도 하지 않습니다. 쾌락을 위해서 아무것도 하지 않는다는 것은 우리가 알고 있는 현인들의 경우에도 똑같이 해당됩니다. 우리는 쾌락뿐만 아니라 특정한 것에 종속되어 있는 자들을 절 대로 현인이라고 칭하지 않습니다.

어떤 것, 특히 쾌락에 지배를 받으면서 어떻게 인생의 위험 과 가난 그리고 온갖 위협에 맞서서 싸울 수 있을까요? 그렇게 나약한 적에게도 승리를 내어주면서 어떻게 죽음과 슬픔, 우주 가 파멸하는 광경을, 또 잔인한 적들을 대면할 수 있을까요? 그 쾌락이 얼마나 많은 것들로 우리를 유혹할지 너무나 잘 예상되 지 않나요?

쾌락을 즐기고 산다면
행복하다고 할 수 없습니다

이렇게 반문하는 사람도 있을 것입니다.

"쾌락은 미덕과 연관되어 있으니 수치스러운 행동을 권하지는 않을 것입니다."

선을 행하기 위해서 감시자가 필요한 거라면 그것이 과연 어떻게 최고의 선이 될 수 있겠습니까? 한낱 쾌락의 뒤를 따르면서 어떻게 미덕이 우위에 있다고 볼 수 있을까요? 누구의 뒤를 따른다는 것은 복종한다는 뜻이고, 지배한다는 것은 명령을 한다는 뜻일 텐데, 그렇다면 명령하는 자를 뒷자리에 두겠다는 의미인가요?

그런 세상이라면 미덕이라는 것 자체가 쾌락을 미리 맛보는 매우 탁월한 역할을 맡게 되는 것에 불과하지 아닐까요!

그런 무례한 대접을 받으면서 미덕이 계속 미덕으로 남을지는 두고 보아야 알겠지만, 일단 자기 이름을 포기하고 나면 더 이상 미덕으로 남을 수 없을 것입니다.

유명한 미식가인 노멘타누스(로마의 미식가로 재산을 미식으로 탕진했음-옮긴이)와 아피키우스(아우구스투스 황제 시대의 유명한 식도락가임-옮긴이)가 말 그대로 바다와 땅이 준 온갖 만찬들을 식탁에 가득 차려놓고 맛보는 광경을 보세요. 장미꽃들로 가득한 침대에 누워서 귀로는 노랫소리를 감상하고, 눈으로는 산해진미를 즐기며, 혀끝으로 음식을 맛보는 자들의 모습을 보세요. 그들은 부드럽고 따스한 천으로 만든 옷으로 몸을 따스하게 감싸고서 온갖 화려한 향기들로 가득한 공기를 맡으며 만끽하고 있습니다.

이런 자들이야말로 진정 쾌락을 즐기고 산다고 말할 수 있을 것입니다. 하지만 최고의 선을 즐기는 것이 아니기에 진정 행복하다고 볼 수는 없습니다.

짜릿한 쾌락으로는
불안을 떨칠 수 없습니다

누군가 이렇게 말할 수도 있습니다.

"많은 잡념들이 영혼을 어지럽힐 테니 그들도 힘들 겁니다. 서로 다른 의견들이 충돌해서 마음이 불안할 테니까요."

저 또한 그 부분에 동의합니다. 하지만 그럼에도 불구하고 멍청하고 변덕스럽고 만날 후회만 일삼는 자들은 짜릿한 쾌락을 맛보고 싶어 할 것입니다. 본인들은 선으로부터 멀리 떨어진 만큼 갖가지 불안한 마음으로부터 멀리 떨어져 있게 되었다고 주장하겠지만, 오히려 극도의 광기에 휩싸여 입가에 웃음을 머금고 신이 나 있다고 보는 게 옳을 것입니다.

그와 반대로 현인들이 느끼는 쾌락은 편하고 절제되어 있으며, 활기가 느껴지지 않고 차분히 가라앉아 있어서 눈에 띄지 않습니다. 쾌락은 일부러 부를 수도 없으며, 만약 쾌락이 스스로 다가온다고 해도 진정한 쾌락을 느낀 자들에게 큰 환영을 받지도 못합니다. 현인들이란 쾌락을 맛보는 순간에도 진지한 인생살이에 다소간의 농담과 즐거움을 더하듯 마구 뒤섞어버리고 말기 때문입니다.

욕정을 좇으며 산다면
결코 행복할 수 없습니다

쾌락과 미덕이라는 서로 어울리지 않는 짝을 애써 결합시키려는 노력을 금해야 합니다. 그건 사악하기 짝이 없는 자들에게 괜히 잘 보이고 싶은 마음에서 비롯된 행동에 지나지 않습니다.

술에 취해서 트림이나 쩍쩍 해대며 쾌락에 찌들어 사는 자들은 본인이 미덕과 함께 살고 있다고 착각하게 마련입니다. "미덕과 쾌락이 불가분의 관계에 있다"는 말만 듣고서 남들에게 꽁꽁 숨겨야 할 악덕을 지혜인 양 오히려 떠벌리고 있는 것입니다.

에피쿠로스가 이들을 방종한 습성으로 이끈 것도 아닙니다.

오히려 악덕에 중독되어 쾌락을 누리고 싶은 욕구를 철학이라 꾸며대며, 쾌락을 칭송하는 노래가 들리는 곳으로 달려가고 있는 것입니다. 또한 에피쿠로스가 말했던 '쾌락'이라는 것이 얼마나 진중하고 극기심이 내재된 것인지 모르고, 그저 쾌락이라는 단어 하나만 보곤 자신의 욕망을 감싸주고 정당화시켜줄 방패막을 찾아서 날아든 것입니다.

종국에는 사악한 삶을 살면서 유일하게 간직하고 있던 선을 잃어버린 것이나 잘못을 저지르고 있다는 것에 대한 두려움마저 사라지고 맙니다. 과거에는 얼굴을 붉히며 부끄러워하던 일도 이제는 찬양을 받으며 스스로 악덕을 자랑스러워하는 지경이 되었습니다.

수치스러운 방탕함이 명예로운 이름을 부여받은 이상 젊은 이들조차 기백을 되찾지 못하게 되었습니다. 쾌락을 찬양하는 것이 위험한 까닭은, 우리에게 좋은 가르침을 주는 건 속으로 숨어버리고 썩어빠진 것만 겉으로 드러나기 때문입니다.

비록 스토아학파의 철학자들은 동의하지 않을지도 모르지만 저는 에피쿠로스가 신성하고 올바르고 흠잡을 데 없는 것을 가르치고 있다는 사실에 동의하는 쪽입니다. 그가 주장했던 쾌락의 원칙을 자세히 살펴보면 미덕을 가늠하는 잣대를 더 작고 미미한 것으로 축소시켜서 이를 쾌락에 적용시키고 있음을 알 수 있습니다. 그러니까 쾌락으로 하여금 자연을 따르라고 말하는 것입니다. 하지만 쾌락을 충족시키기에 자연은 턱없이 부족한 법입니다.

그렇다면 진실은 무엇일까요? 아무것도 하지 않고 게으르게 욕정만을 좇으며 사는 자들이 '행복'이라는 허울 좋은 미명 아래 본인의 사악한 행동을 감추고 싶었던 것입니다. 그래서 진짜 쾌락이 아니라 그동안 자신이 살아온 세월을 쾌락이라고 믿고 싶은 것에 불과합니다. 일단 적당한 스승을 찾고 나면, 다시 말해 그 스승이 가르치는 이론과 본인이 저질러온 악덕이 일치한다고 생각되면, 이제는 숨어서 악덕을 추구하기보다 한껏 뽐내며 욕정을 탐닉하게 됩니다. 그래서 나는 스토아학파에서 주장하듯 에피쿠로스의 쾌락 이론이 수치스러운 행동을 가르친다는 것에 동의하지 않습니다. 그보다는 에피쿠로스도 억울하게 오명을 쓰고 있다고 감히 말하고 싶습니다.

에피쿠로스학파에 직접 몸담지 않고서 어찌 그들을 섣불리 판단할 수 있겠습니까? 하지만 겉모습만 보면 삐뚤어진 희망을 주고 나쁜 평판을 불러일으키기 쉽습니다. 마치 건장한 사내가 여자 옷을 걸치고 있는 모습이랄까요. 건전한 마음은 그대로이고 정력적이며 어떠한 것의 지배도 받지 않지만, 손에는 방종의 상징인 탬버린을 들고 있는 모양새인 것입니다.

그러므로 우리는 명예로운 모토를 향해 나아가며 영혼을 고풍스럽게 가꾸는 이름을 선택해야만 합니다. 에피쿠로스가 주장하는 '쾌락'이란 이름 주변에는 온갖 악덕들이 덕지덕지 달라붙어 있을 뿐입니다.

미덕이 맨 앞자리에서
기준점을 잡아야 합니다

미덕을 추구하는 사람들은 품격 넘치는 자연의 본보기를 보이게 마련입니다.

반대로 쾌락을 추구하는 사람들은 기력이 쇠하고 부서져 진정한 남성성을 잃고 치욕스러운 모습으로 빠져드는 것처럼 보입니다. 자연스러운 욕구 속에서 추구하는 쾌락과 아무리 채워도 만족할 수 없는 치욕스러움 속으로 빠져드는 쾌락을 누군가 정확히 구분해주기 전까지는 그럴 수밖에 없을 것입니다.

이제부터 미덕이 모두를 이끌 수 있도록 해보세요. 그러면 내딛는 모든 발걸음이 안전해질 것입니다. 과도한 쾌락은 해로울 수 있지만 미덕 자체에 절제가 깃들어 있으니 쾌락이 조금 과하더라도 해로움을 걱정할 필요가 없습니다. 혹여 자기 몸이 커질까 두려워하는 것은 진정한 선이 아닙니다. 이성적인 본성을 타고난 존재에게 이성보다 더 값진 안내자는 없을 것입니다.

만약 이러한 결합 자체가 마음에 들지 않고 이성과 더불어 행복을 향해 나아가고 싶지 않다면, 쾌락이 길을 이끌고 미덕으로 하여금 그림자처럼 주위를 맴돌며 함께 걸어가는 방법을 선택하세요. 가장 숭고한 미덕에게 쾌락의 하녀 노릇이나 하도록 만드는 것은 숭고함이라고는 전혀 모르는 미천한 인간이나 할 법한 짓입니다.

미덕이 맨 앞자리에서 기준점을 잡을 수 있도록 해야 합니다. 그렇다고 쾌락을 포기했다는 의미는 결코 아닙니다. 그저 미덕이 주인이 되어서 쾌락을 조절하도록 만드는 것일 뿐입니다.

쾌락은 우리에게 간청할 수 있지만 강요할 수는 없습니다. 반대로 쾌락에게 맨 앞자리를 내어준 자는 두 가지 모두를 잃게 될 것입니다. 그는 먼저 미덕을 잃게 될 것이고, 또한 쾌락을 누리는 것이 아니라 쾌락에 종속되고 말 것입니다. 그러다 쾌락이 지나치면 숨이 막힐 것이고, 쾌락이 부족하면 고통을 겪게 될 것입니다.

쾌락에게 버림받으면 비참한 꼴이 되고, 쾌락이 넘쳐나면 더
더욱 비참한 꼴로 전락하고 맙니다. 파도에 휩쓸리거나 해안에
휩쓸리기도 하고, 성난 파도에 휘말려가는 선원의 처지로 몰락
하고 마는 것입니다.

평소 욕구를 절제하지 못하고 맹목적으로만 추구하다 보면
오히려 쾌락에게 버림받는 결과를 낳게 됩니다. 선이 아닌 것
을 추구하는 자가 야망을 이룬다는 것 자체가 너무나 위험천만
하기 때문입니다. 목숨을 걸고 힘들게 맹수를 포획하지만, 그
맹수를 붙잡아두면 오히려 위험천만한 소유물이 되는 것처럼
말입니다. 맹수들은 때로는 주인조차 갈기갈기 찢어버리게 마
련입니다.

엄청난 쾌락을 좇는 자들은 결국 커다란 곤경에 빠지게 되
고, 자신이 잡았다고 생각한 것들에게 오히려 붙잡히고 맙니
다. 쾌락이 더욱 커지고 불어나서 행복해 보이는 사람일수록
실제로는 더 위축되어서 결국 쾌락을 섬기는 노예로 전락하고
맙니다.

쾌락의 노예가 된 아둔한 자들을 더 상세히 비유해보면, 사

냥꾼이 자기 의무와 중요한 일까지 제쳐두고 야수들의 뒤를 쫓은 뒤 올가미를 던져 야수를 붙잡고, 사냥개를 풀어 드넓은 숲을 에워싸는 것과 같은 모습입니다. 이처럼 쾌락을 추구하는 자들은 쾌락의 배를 채우기 위해서 자신의 자유의지를 바치고, 본인을 위해 쾌락을 사는 것이 아니라 쾌락을 위해 자신을 팔아넘기는 꼴로 전락합니다.

소소한 쾌락과 고통에 흔들리면
제대로 살아갈 수 없습니다

누군가는 이런 반문도 할 수 있습니다.

"하지만 미덕과 쾌락이 하나로 합쳐져 최고의 선을 이룩하게 된다면, 그리하여 명예로운 것과 즐거운 것이 똑같아질 텐데 대체 무엇을 방해한다는 뜻입니까?"

물론 명예로운 것의 일부를 떼어낸다고 해도 그 속성 자체가 명예로운 것이라 상관없긴 합니다. 하지만 최고의 선에 조금이라도 불손한 것이 포함된다면 그 자체의 순수성은 결국 사라지고 맙니다.

비록 미덕으로부터 떨어져 나온 즐거움이 선한 것이기는 하지만 결코 절대적인 선의 일부는 아니며, 본질적으로 고귀한 것에서 파생된 것이라고 해도 결코 즐거움과 평정심 그 이상이 될 수 없습니다. 왜냐하면 그것이 선한 것일지는 몰라도 최고의 선의 일부에 부합할 뿐이지, 완벽하게 부합하지는 않기 때문입니다.

미덕과 쾌락을 평등하지 않은 상태로 결합시키는 자는 선의 강한 부분을 떼어내 다른 나약함에 가져다 붙이는 식이 될 수밖에 없습니다. 자유는 그보다 더 소중한 것이 없다는 사실을 깨달을 때만 완벽해지기 때문입니다.

그 결과 자유는 행운의 여신의 도움 없이는 견딜 수 없게 되고 그 자체로 자유를 빼앗기는 것입니다. 결국에는 불안과 의심 그리고 두려움으로 가득 차서 '행여 예기치 못한 불운이 닥쳐 모든 게 바뀌면 어쩌나' 하고 근심 걱정으로 가득한 삶을 살게 됩니다.

이는 견고하고 흔들리지 않는 곳 대신 불안하고 흔들리는 밑바탕 위에 미덕을 세워두라고 명령하는 것과 같습니다. 행운의 여신에 대한 기대, 육체에 온갖 영향을 주는 다양한 변화보다 더욱 불안정한 것이 어디 있겠습니까? 소소한 쾌락과 고통에도 흔들린다면 어떻게 신에게 복종하고, 어떠한 일도 흔쾌히 받아들이며, 불평불만 없이 운명에 순응하고 본인의 불운을 진실한 마음으로 해석할 수 있을까요?

쾌락을 추구하는 자는 고향을 지키는 수호자나 승자가 결코 될 수 없습니다. 그리고 제일 친한 친구를 변론할 수도 없는 법입니다.

오직 미덕을 통해서만
최고의 선은 높은 곳에 오릅니다

최고의 선은 반드시 높은 곳에 자리해야 합니다. 그 어떤 폭력·고통·희망·공포도 최고의 선을 움츠리게 만들지 못하도록 말입니다.

하지만 그 높은 곳으로 가는 것 또한 미덕을 통해서만 가능합니다. 미덕의 계단을 올라서야만 가장 높은 자리에 오를 수 있습니다.

그 결과 어떤 일이 생겨도 용감하게 참고 견뎌낼 수 있습니다. 나아가 인내심을 가지고 맞서 싸울 수 있습니다.

또한 살아가는 동안의 모든 고난이 자연의 법칙에 따른 것임을 깨달을 수 있을 것입니다. 그러면 결국 용감한 전사처럼 아픈 상처의 개수를 세면서 참아내며, 날카로운 무기에 맞아 죽어가면서도 자신을 다스려온 미덕을 위해서 기꺼이 목숨을 바치고 "신을 따르라"는 오래된 격언을 가슴속에 진심으로 새길 것입니다.

Seneca

현인은
부의 주인이 되지만
바보는
부의 노예가 됩니다

Seneca

앞으로 조금 덜 아프면
저는 그것으로 만족합니다

평소 철학에 대해 이런저런 불평을 토로하던 사람들이라면 제게 이런 질문을 던질 수도 있습니다.

"그렇다면 세네카 당신은 왜 실제 삶이 아닌 말로만 용감하게 떠드는 것입니까? 왜 지위가 높은 사람에게 아첨을 하고, 돈을 필수적인 것으로 생각하고, 손해를 입으면 속상해하고, 아내나 친구가 세상을 떠났다는 소식에 눈물을 짜고, 남들의 평판에 귀 기울이고, 나쁜 소문을 들으면 기분 나빠합니까?"

"어떤 이유로 당신의 농장은 필요 이상으로 잘 가꾸어져 있습니까? 왜 정해진 식단대로 식사를 합니까? 왜 온갖 가구들이 번쩍번쩍 빛이 납니까? 왜 당신 나이보다 더 오래된 와인을 손님들에게 대접하지요? 왜 금으로 된 식기를 사용합니까? 그늘을 제공하는 것밖에 하는 일이 없는 비싼 나무를 왜 심었습니까? 왜 당신의 아내는 집 한 채 값과 맞먹는 값비싼 귀걸이를 차고 다니지요? 왜 당신 집에서 일하는 사람들은 고급스러운 옷을 입습니까? 왜 당신 집에서 식사를 기다리는 것 자체를 즐거워하며, 아무렇게나 식기를 배열하는 대신 질서정연하게 배열하고 음식을 썰어주는 사람을 따로 둡니까?"

"왜 당신은 해외에도 재산을 가지고 있습니까? 왜 처음보다 많은 것을 가지려 합니까? 참으로 부끄럽게도, 본인이 기억도 하지 못할 정도로 많은 하인들을 왜 거느리고 있나요? 그 자체가 낭비 아닙니까?"

이들의 따끔한 지적을 겸허히 받아들이고 나중에 스스로 충분히 반성해보겠지만, 지금으로서는 전 이런 대답을 하고 싶습니다.

"저는 현인이 아닙니다. 더 비난을 받을지는 몰라도 절대로 현인이 되지 못할 것입니다. 그러니 저를 최고의 현인들과 견주지 말고 차라리 악랄한 자보다 나아지라고 말하기를 바랍니다. 하루하루 내 자신의 잘못된 행동 속에서 악함과 과오들을 곱씹어보는 것만도 충분히 벅찬 일이니까요.

　저는 지금까지 완벽히 건강하지 못했고, 아마 앞으로도 그럴 것입니다. 지금도 통풍으로 고생하고 있어 치료약을 구하기보다는 조금이나마 고통을 더는 것에 만족하고 있습니다. 앞으로 조금 덜 아프고 드물게 고통 받는다면 저는 그것으로 만족할 것입니다. 하지만 나약한 자들에 비하면 저는 건강한 운동선수나 다름없습니다. 지금까지 제가 말한 모든 것들은 여전히 사악한 것들 사이에서 살아가는 저 자신이 아니라 최고의 경지에 오른 사람들의 입장에서 충고하는 것임을 기억해주기를 바라는 바입니다.”

가능한 한 올바른 방식으로 살려고
노력할 따름입니다

이런 저의 대답에 누군가 "그럼 당신은 말과 행동이 다른 거군요"라고 말할 수도 있을 것입니다.

그렇다면 저는 이렇게 대답하겠습니다.
"가장 고귀한 것들을 무조건 비난하기 바쁜 사악한 이들은 듣기 바랍니다. 그대들이 말하는 것은 과거 플라톤(소크라테스의 제자이자 아카데메이아의 창설자-옮긴이), 에피쿠로스, 제논(준엄한 도덕주의와 엄격한 의무 준수를 주장하는 스토아학파를 창시했음-옮긴이) 또한 들었던 것들입니다. 그들 또한 자신이 어떻게 살고 있는지가 아니라 우리가 어떻게 살아야 할지에 대해 말한 바 있습니다. 제가 말하려는 것은 미덕에 대한 것이지 저 자신에 대한 것이 아닙니다. 제가 악덕을 비난하려고 할 때는 제일 먼저 저 자신의 악덕을 곱씹어보려고 합니다. 앞으로도 가능한 올바른 방식으로 살려고 노력할 것입니다.

아무리 강력한 독설이 악의를 가득 보인다고 해도 최상의 것을 위해 살려는 저를 끌어내리지는 못할 것입니다. 당신은 그 독으로 스스로를 죽이고 또한 다른 사람들까지 죽이려고 하지만, 최상의 것을 위해 살고자 나아가려는 저의 마음과 미덕을 찬양하며 저 멀리서부터 차근차근 가고자 하는 저를 결코 방해하지는 못할 것입니다."

부 자체가 핵심이 아니라
어떻게 살았는지가 핵심입니다

과거 루틸리우스(로마의 집정관, 연설가, 역사가-옮긴이)와 카토(로마의 정치가, 장군, 문인-옮긴이)도 악의에 찬 공격으로부터 안전하지 못했는데, 그 어떤 것이 안전할 수 있을까요? 악의로 가득한 잣대를 들이댄다면 견유학파(안티스테네스가 창시한 그리스 철학의 한 유파로, 무욕과 정신적 독립을 이상으로 삼았음-옮긴이)의 대표적인 철학자인 데메트리오스(아테네의 철학자, 정치가로 아리스토텔레스의 제자-옮긴이)조차 그들의 기준에서는 지나치게 부유한 것이 될 것입니다. 그러한 기준에서 보면 누군들 성에 차겠습니까?

자연의 온갖 욕구와 맞서 싸우며 엄격한 삶을 살아왔고, 견유학파의 다른 철학자들에 비해 많은 것을 포기하고 소유욕까지 억제하며 살았던 데메트리오스조차 당신 기준에는 충분히 극빈하지 못했다고 판단한 바 있습니다. 데메트리오스는 미덕에 대한 지식을 널리 알렸을 뿐만 아니라 빈곤에 대한 것도 가르쳤던 철학자였습니다.

에피쿠로스학파의 철학자 디오도로스가 스스로 목숨을 끊은 것도 스승인 에피쿠로스의 가르침을 따르지 못한 행동이라고 말합니다. 이를 미친 짓이라고 하는 자들도 있고, 무모하다고 보는 자들도 있습니다. 하지만 그는 아무 거리낌 없이 행복함을 느끼며 마지막 증언을 남기고 생을 마감했습니다. 디오도로스는 안전한 항구로 가서 돛을 내렸고 여러분이 듣기 싫어할 수 있는 마지막 말을 남겼습니다.

"이제 내 삶은 끝이 났고, 이제 나는 운명이 정해준 길을 향해서 떠난다."

질투에 눈이 멀어
함부로 비난하면 안 됩니다

현인들의 삶과 죽음은 악의에 찬 무리들의 입에 오르내리게 마련입니다. 그뿐인가요, 탁월한 업적을 세워 위대한 명성을 얻은 자들을 두고 이방인을 마주한 개처럼 짖어대기 바쁩니다.

그들은 도대체 왜 그러는 것일까요? 누군가의 미덕은 악의에 가득 찬 사람들이 저지르는 온갖 사악한 행동에 대한 비난의 대상이기 때문입니다. 이 때문에 그들은 다른 사람들을 나쁘게 끌어내려야만 직성이 풀립니다. 질투에 눈이 멀어서 고귀한 것들과 자신의 오명을 비교해보지만, 그 행위가 스스로에게 얼마나 큰 해악을 불러올지는 미처 알지 못합니다.

만약 미덕을 찬양하는 자들이 그토록 탐욕스럽고 욕심이 많으며 야망에 눈이 멀었다면 미덕이라는 이름 자체도 싫어하는 자들은 대체 어느 정도란 말인가요? 그들은 말만 번드르르할 뿐, 그 말을 제대로 지키며 사는 사람은 없다고 주장합니다. 수 없이 많은 풍랑을 견디고 살아남은 위대한 자들을 용감하고 대단하다고 말하는 것이 뭐가 그리 어려운 일인가요?

현인들은 십자가에서 벗어나려고 애쓰지만, 사악한 자들은 자기 손에 못을 박고 있는 꼴입니다. 현인들은 처형장으로 끌려가서 십자가 하나에 못 박히고 말지만, 스스로를 벌주는 사람들은 그들이 좇는 쾌락만큼 많은 십자가에 박혀 산산이 찢겨 나갑니다. 게다가 그들은 남들을 헐뜯는 걸 좋아해서 타인에게 모욕을 주려고 할 때는 재치가 넘칩니다. 십자가에 매달린 채로 주변에 몰려든 자들에게 침만 뱉지 않아도 언젠가 그 악행을 멈출 수 있다고 믿고 싶은 심정입니다.

제가 가진 모든 것은
모든 이들의 것이라 생각합니다

누군가는 "철학자들은 자신이 연설한 내용을 스스로 실행에 옮기지 않습니다"라고 말할 수도 있습니다.

철학자들은 연설을 통해 숭고한 영혼의 예를 제시함으로써 본인의 몫을 해내고 있습니다. 언제나 말과 행동을 일치시킬 수 있다면 그 행복의 기준은 가히 최고치에 이르지 않겠습니까? 그렇다고 해서 숭고한 말과 가치 있는 생각으로 가득 찬 마음까지 경멸할 이유는 없습니다. 철학자들이 설사 실행에 옮기지 못한다고 해도 가치 있는 학문을 추구한다는 것만으로도 칭찬받아 마땅한 일입니다.

가파른 경사를 오르는 사람이 정상을 정복하지 못한다고 해서 그리 놀랄 일은 아니지 않은가요? 진정한 인간이라면 비록 넘어지더라도 위대한 것을 추구하는 자들에게 존경심을 보이는 것이 마땅한 일입니다. 매우 높은 목표를 설정하고 본인이 가진 힘보다 본성의 힘을 믿으며, 엄청난 의지를 가진 자만이 실현할 수 있는 원대한 계획을 가진다는 것만 해도 대단히 위대한 일입니다.

그들이 세운 이상은 다음과 같을 것입니다.

"나는 죽음을 귀로 전해 듣는 것처럼 죽음을 떳떳이 관망할 것이다. 강한 정신력을 바탕으로 육체에 힘을 얻을 것이기 때문에 아무리 힘든 일이라도 반드시 해내고 말 것이다.

나는 돈이 많거나 적거나 상관없이 부에 개의치 않을 것이다. 부유함이 멀리 있다고 해서 아쉬워하지 않고, 내 주변이 부유함으로 번쩍인다고 해서 으쓱거리지도 않을 것이다. 행운의 여신이 가까이 오더라도, 혹은 멀리 가더라도 미동하지 않을 것이다. 또한 모든 토지를 나의 것이라 생각하고, 내가 가진 것은 모든 이들의 것이라 생각할 것이다.

나는 타인에게 도움을 주기 위해서 이 세상에 태어났다고 생각하며 살아갈 것이고, 나를 태어나게 해준 자연의 섭리에 늘 감사할 것이다. 자연보다 더 나에게 도움이 되는 것이 어디 있을까?"

그들이 세운 이상은 다음과 같을 것입니다.

"내가 가진 재산이 어느 정도이건 지나치게 인색하게 지키려고 들지도 않을 것이고, 정신없이 탕진하지도 않을 것이다. 그 모든 것은 나의 소유물이 아니라 그저 현명함의 선물을 받은 거라 생각할 것이다. 또한 단순한 숫자나 무게가 아니라 선행을 받을 만한 자격이 있느냐에 따라 베풀 것이며, 가치 있는 사람이 받은 것을 두고 지나치다고 여기지도 않을 것이다.

나는 남들의 이목에 따라 행동하지 않고, 오직 내 안의 양심에 따라 행동할 것이다. 비록 내 행동을 보는 사람이 나뿐이라고 해도 로마의 국민 모두가 나를 지켜보고 있다는 마음으로 행동할 것이다."

그들이 세운 이상은 다음과 같을 것입니다.

"음식을 먹고 마시는 것은 자연의 욕구를 충족하는 것이지, 단순히 배를 채우기 위한 것이 아니다. 나는 친구들에게는 기뽐을 주고, 적들에게는 너그러움과 관용을 베풀 것이다. 또한 타인이 관용을 구하기 전에 먼저 베풀고, 예의 바른 요청을 받으면 기꺼이 도움을 줄 것이다.

나는 전 세계를 고향으로 여기고, 신들이 세상을 주관하고 계심을 기억하고, 저 위에서 나의 행동과 말 하나하나를 날카로운 눈으로 지켜보고 있음을 잊지 않을 것이다.

언제든 자연의 섭리에 따라서 숨을 거두어야 하는 순간이 오거나 혹은 이성의 목소리가 목숨을 내놓아야 한다고 말하면 순순히 따를 것이다. 그리고 나는 선한 양심과 고귀한 염원을 진정 사랑했으며, 나 자신은 물론 어느 누구의 자유도 침해하지 않았노라고 증언할 것이다."

이러한 이상과 결심을 품고 희망을 가진 채, 신들이 있는 곳으로 여행하는 사람이라면, 자신의 여정을 완전히 끝마치지 않았더라도 이렇게 말할 수 있을 것입니다.

"거사를 이루려고 했으나 아쉽게 추락하고 말았다."

악덕을 추종하는 무리들이 미덕과 미덕을 상기시키는 자들을 미워한다는 것은 그리 놀랄 일도 아닙니다. 병이 든 눈은 따가운 햇살을 두려워하게 마련이고, 야행성 동물들은 해가 뜨면 정신없이 어두운 곳을 찾아 헤매고 구멍 속으로 들어가서 밝은 낮을 피하려고 합니다.

　사악한 자들이여, 선한 사람들을 욕보이고자 마음껏 흔들고 있는 그대들의 가련한 혓바닥을 입을 벌려 있는 힘껏 깨물어보기 바랍니다. 선한 자들에게 상처를 남기기도 전에 이빨이 부러지고 말 것입니다.

행운의 여신이 주는 선물을
굳이 거부하지 않습니다

누군가는 제게 이렇게 따져 물을 수도 있을 것입니다.

"세네카 당신은 어떠한 이유로 철학에 헌신하면서도 여전히 부를 누리며 사는 것입니까? 왜 재산을 가지지 않아야 한다고 주장하면서 정작 본인은 재산을 가지고 있지요? 왜 건강을 하찮게 생각하라고 말하면서 그리 건강에 신경을 쓰고 최상의 상태를 유지하려고 애씁니까? '사는 곳을 바꾸는 것이 그리 괴로운 일인가?'라고 주장하면서, 왜 정작 본인은 고향에서 늙어가고 싶어하나요? 수명이 짧건 길건 아무 상관없다고 단정 지어 말하면서도 당신은 왜 가능한 범위에서 최대한 수명을 연장하며 평화롭게 늙어가려고 합니까?"

물론 그런 부분들에 지나치게 집착해서는 안 된다고 말하지만, 지나치게 집착하지 말라는 뜻이지 완전히 등한시하라는 뜻은 아닙니다. 삶에서 여러 부분에 집착하지 않고 살다 보면 오히려 행운이 친절한 손님처럼 아무 말 없이 따라와주게 마련입니다. 언제든 때가 되어 돌려달라고 했을 때, 불평불만 없이 순순히 내어준다면 행운의 여신의 입장에서는 그보다 더 안전히 보관할 수 있는 장소가 어디 있겠습니까?

마르쿠스 카토(카이사르와 대적한 정치가이자 스토아학파 철학자로, 청렴결백함의 상징적 인물-옮긴이)의 경우에는 쿠리우스와 코룽카니우스(쿠리우스와 코룽카니우스는 로마의 집정관으로, 로마적 소박함과 엄격함을 상징하는 인물임-옮긴이), 그리고 몇 푼 안 되는 은화까지 감시관이 직접 처벌해야 하는 범죄로 여기던 시대를 찬양했지만, 본인은 400만 세스테르티우스(로마의 거대한 동전으로, 2와 2분의 1이라는 뜻으로 대중적인 구리 동전 아스의 2.5배 가치가 있다는 의미임-옮긴이)나 되는 재산을 소유하고 있었습니다. 물론 크라수스(폼페이우스, 카이사르와 함께 3두정치를 했으며 부호로 유명함-옮긴이)의 재산보다는 적은 금액이지만 증조부인 감시관 카토보다는 훨씬 많은 재산이었습니다. 굳이 비교한다면, 재산 부분에서는 크라수스보다 적지만 증조부보다는 더 많은 부를 소유하고 있었고,

만약 더 많은 재산을 소유할 수 있는 기회가 왔다면 그는 거절하지 않았을 것입니다.

현인들도 스스로 행운의 여신이 주는 선물을 받을 자격이 없다고 여기지는 않습니다. 물론 재산에 연연하지는 않지만 이를 소유하는 데 거부감도 없습니다. 그저 마음으로 소유하기보다는 재산을 굳이 거부하지 않고 집안에 두고 잘 간직해두었다가, 스스로 미덕을 실행함에 있어서 이를 잘 활용할 수 있기를 바랍니다.

결과적으로 현인이 가난할 때보다 부자일 때, 본인의 능력을 발휘할 수 있는 기회가 더욱 많아진다는 점에 대해서는 의심할 여지가 없어 보입니다. 현인이 빈곤하다면 절대 굽히지 않고 묵살당하지 않아야 하는 한 가지 종류의 미덕밖에 존재하지 않지만, 현인이 부유하다면 절제와 친절, 성실, 적당한 분배와 자비를 베풀 수 있는 미덕에 대한 다양한 여지가 존재할 수 있기 때문입니다.

현인이 난쟁이처럼 키가 작다면 그로 인해 스스로를 경멸하지는 않겠지만, 이왕이면 키가 크면 좋겠다고 생각했을 것입니다. 체력적으로 나약하거나 눈이 한쪽밖에 안 보인다고 해도 건강 면에서는 별 문제가 없을 테고, 내면에 더욱 값진 것을 가지고 있다고 확신하겠지만 가능하면 건강한 체격을 가지고 싶었을 것입니다. 만약 건강이 좋지 않다고 해도 잘 견뎌냈겠지만 되도록 건강하기를 바랐을 것입니다.

비록 전체적인 것에 크게 영향을 미치지 않고 본질적인 선을 파괴하지 않는 범위 내에서 제거될 수 있다고 해도, 미덕으로부터 파생되는 즐거움을 통해서만이 진정 이바지할 수 있는 특별한 점들이 분명히 존재합니다. 마찬가지로 현인이 부를 가진다고 해도 그 자체로 기쁨을 가져다줄 것입니다. 마치 항해중인 배가 순풍을 만나 정해진 목적지까지 순조롭게 도착할 수 있는 것처럼 매서운 겨울 추위 중에 날씨가 좋은 날 혹은 햇볕이 좋은 장소가 기쁘게 느껴지는 것처럼 말입니다.

미덕을 유일무이한 선으로 여기는 스토아학파의 철학자들인 현인들조차 이 점을 부인할 수는 없을 것입니다. 평소 그들이 "별로 중요할 것이 없다"라고 말하는 것들도 나름대로 가치를 지니고 있으며, 그중에서도 특히 중요한 것들이 존재한다는 점 말입니다. 그게 무엇이냐에 따라서 조금 더 명예롭기도 하고, 덜 명예롭기도 합니다. 그러므로 '부유함'은 가장 중요한 가치를 가진 것들 중에 하나임은 분명합니다.

가난도 기꺼이 받아들이지만
부자가 되는 것도 좋아합니다

누군가는 제게 이렇게 따질 수도 있을 것입니다.

"부를 중요시한다는 점에서 나와 다를 것이 없다면, 당신은 왜 부에 집착하는 나를 비웃는 것입니까?"

현인들이 그대와 어떻게 다른 시각에서 부를 바라보는지 알고 싶은가요? 만약 현인들이 부를 잃는다면 부 그 자체만 사라지는 것에 불과하지만, 당신이 부를 잃는다면 말문을 잃고 어딘가 버림받은 기분에 사로잡힐 것입니다. 현인들에게 있어서 부는 그저 부일 뿐이지만, 당신에게 부는 가장 중요한 자리를 차지하고 있습니다. 다시 말해 현인들은 부를 소유한 주인이지만, 당신은 부의 노예인 것입니다.

그러니 철학자들은 부유함을 누리지 않아야 한다는 주장은 이쯤에서 그만두기 바랍니다. 지혜로움이 가난과 직결된다고 말한 사람은 아무도 없습니다. 철학자들도 재산을 소유할 수 있습니다. 물론 다른 사람의 손에서 빼앗거나 누군가의 피가 묻은 돈이거나 타인에게 부당한 짓을 해서 얻은 것이 아니어야 하고, 수입과 지출이 일정한 자들의 시기심을 사는 것만 제외하고 누구의 불만도 사지 않는 것이어야 합니다.

정당한 재산이라면 얼마든지 쌓아두어도 무방합니다. 재산이 얼마나 많건 이는 정직한 것이니 상관없습니다. 다른 사람들이 제아무리 탐을 내더라도 그 누구도 그들 자신의 것이라고 주장할 수 없는 노릇일 테니까요.

만약 행운의 여신이 친절을 베푼다면 현인은 이를 거절하지 않을 것이며, 영예롭게 얻은 재산에 대해 자랑하거나 수치스럽게 생각하지도 않을 것입니다. 물론 대문을 활짝 열어 동네 사람들을 모두 불러 모아놓고, "자, 누구든 자기 것이다 싶은 것이 있다면 마음껏 가지고 가시오!"라고 말할 수 있다면, 충분히 자랑할 수도 있습니다. 그 후에도 재산이 하나도 줄어들지 않았다면 그는 진정 위대한 부자일 것입니다! 모든 사람들에게 재산을 공개하고 이를 낱낱이 살피도록 한 후에도 아무것도 빼앗기지 않았다면 그 사람은 떳떳하게 부를 얻은 사람입니다.

현인은 불명예스러운 것이라면 한 푼도 집안에 들이지 않겠지만, 행운의 여신이 준 선물이나 미덕의 결실로 얻은 것이라면 엄청난 재산이라도 굳이 거절하지 않을 것입니다. 일부러 좋은 것을 거부해야 할 이유가 있겠습니까? 정직한 재산이라면 두 팔 벌려 환영해야 마땅한 일입니다. 현인은 진부한 사람들처럼 재산을 떠벌리지 않을 것이며, 괜히 소심해지고 겁이 나서 손을 주머니에 넣고 다니는 사람들처럼 재산을 감추지도 않을 것이며, 문 앞에서 행운을 발로 걷어차지도 않습니다.

행운을 어떻게 거절해야 한단 말인가요? "돈 따위는 필요 없어" 혹은 "돈이 있어도 어떻게 써야 할지 모른다"라고 말해야 할까요? 마치 충분히 걸어 다닐 수 있는 사람도 마차에 타는 것을 좋아하듯이, 가난도 기꺼이 받아들일 수는 있지만 기왕이면 부자가 되기를 좋아하는 것이 당연합니다.

현인은 재산을 소유하되
덧없는 것으로 여깁니다

현인은 재산을 소유하되 언제든지 훨훨 날아가버릴 수 있는 덧없는 것으로 여기며, 그 재산이 다른 사람이나 스스로에게 짐이 되는 것은 피할 것입니다. 오히려 현인들은 남에게 베풀 것입니다.

현인은 자신의 재산을 선한 자들, 그리고 좋은 일을 할 법한 자들에게 내어줄 것입니다. 또한 돈을 버는 것만큼 쓴 것도 투명하게 처리해야 하기 때문에, 고심에 고심을 거쳐 가장 적절한 대상을 고른 뒤에 정당하고 누가 들어도 납득할 법한 이유를 들어 이를 베풀 것입니다. 제대로 베풀지 못하는 것은 수치스러운 낭비와 다를 바 없기 때문입니다. 현인의 주머니는 활

짝 열려 있지만 그렇다고 구멍이 나서 술술 새어버리는 것은
아닙니다.

남들에게 베푸는 것을 별 것 아니라고 생각했다면 이는 큰
오산입니다. 그저 기분이 내키는 대로 돈을 뿌리는 것이 아니
라 신중하게 선물을 준다고 생각하면 굉장한 어려움이 따르게
마련입니다. 어떤 사람에게는 베풀고, 또 어떤 사람에게는 돌
려주는 것입니다.

사람들이 가난 때문에 잘못된 길로 빠지거나 빈곤에 빠져 있
으면 안 되기 때문에 부를 베풀기도 하지만, 굳이 베풀어도 그
들이 빈곤의 늪에서 빠져나오기 어려운 경우라면 지갑을 닫기
도 합니다. 어떤 사람에게는 원조를 제공하지만, 누군가에게는
다시 돈을 돌려받으려고 독촉하는 경우도 있습니다. 그 어떤
경우에도 소홀히 하지 않고 대상을 꼼꼼히 기록해 부를 베풀어
야 합니다.

자연은 모든 사람들에게
선행을 베풀라고 말합니다

"그렇다면 베푼 만큼 나중에 돌려받고 싶어서 준다는 뜻입니까?"라고 누군가 물을 수 있을 것입니다.

그렇지는 않습니다. 그저 낭비하지 않겠다는 뜻입니다. 무언가를 베풀 때는 먼저 돌려달라고 하지 않아야 하지만, 어떤 방식으로든 되받을 수 있어야 합니다. 누군가에게 선행을 베풀 때는, 반드시 다시 돌려받을 필요가 있기 전까지는 보물처럼 저 깊은 곳에 묻어둘 수 있어야 할 것입니다.

부유한 자들은 선행을 베풀 수 있는 기회를 얼마나 많이 가지고 있나요? 부자들이 로마의 시민들에게 자비를 베푼다고 해서 이를 막아설 자가 어디 있겠습니까?

자연은 모든 사람들에게 베풀라고 말합니다. 상대가 노예이건 자유인이건, 법적인 절차에 따라서 자유를 얻었건, 친구의 자비로 자유를 얻었건 무슨 상관이겠습니까? 인간이 존재하는 곳이 어디든지 간에 친절을 베풀 수 있는 기회는 언제나 존재하는 법입니다.

부유해도 우쭐거리지 않고,
가난해도 받아들일 것입니다

부유함은 선이 아닙니다. 만약 부유함이 인간을 선하게 만든다면 이는 선이 될 것입니다. 하지만 사악한 자들도 부유할 수 있다면 이를 선이라고 부를 수는 없습니다. 하지만 부자가 되는 것은 좋은 일이고, 이를 통해 다양한 선행을 베풀 수 있으며 유용하다는 점에 있어서는 동의하는 바입니다.

우리 모두 부를 소유하는 것이 바람직하다는 점에 동의했지만, 그럼에도 불구하고 왜 부를 선으로 규정지을 수 없는지에 대해서 설명해보겠습니다.

저를 으리으리한 부잣집에 데려다놓는다고 해도, 은과 금으로 된 그릇을 온 가족이 사용하는 집에 산다고 해도, 그저 집안의 일부일 뿐 저의 일부가 아닌 것들 때문에 으스대지는 않을 것입니다. 저를 테베레 강의 거지들이 우글거리는 다리 아래로 데려간다고 해도, 남들에게 구걸의 손을 내미는 거지들 사이에 있다고 해도, 저 스스로를 경멸하지 않을 것입니다. 언제든 죽음을 선택할 수 있는 능력이 있는데 빵 한 조각이 없다고 한들 무슨 차이가 있을까요?

그렇다면 어느 쪽을 선택할 것이냐고 제게 묻고 싶은가요? 물론 으리으리한 저택이 나을 것입니다.

고통을 억누르며 살기보다는
적당히 여유롭게 살고 싶습니다

저를 값비싼 가구들과 번쩍거리는 명품들 사이에 앉힌다고 해도, 고급 망토를 두를 수 있게 해주고 손님들을 자줏빛 쿠션에 기대게 해준다고 해도, 저는 더 행복하다고 느끼지 않을 것입니다. 또한 건초 더미 위에서 잠을 청한다고 해도, 온통 속이 빠져나온 오래된 천 방석을 깔고 눕는다고 해도 더 비참하다고 느끼지 않을 것입니다.

하지만 맨 어깨를 그대로 드러내고 맨발로 여기저기 다니기보다는 제대로 옷을 갖춰 입어 정돈된 마음을 보이는 편이 나을 것입니다.

하루하루가 내 뜻대로 흘러가고 연이어 축하연회를 벌인다고 해도 그러한 이유로 자기애가 깊어지지는 않을 것입니다. 그런 융성한 날들이 뒤바뀌어서 매달 손실이 이어지고 슬픔과 갖가지 불운으로 마음이 황폐해진다고 해도, 아무리 비참한 상황 속에서도 저 스스로를 비참하다고 여기지 않을 것이며, 어떤 날이 와도 저를 저주하지 않을 것입니다. 그런 불운한 날이 닥치지 않도록 오랜 시간 충분히 대비를 해왔기 때문입니다.

하지만 고통을 억누르며 살기보다는 적당한 선에서 즐기며 살고 싶습니다.

제게 선택권이 있다면
더 좋은 부분을 취하고 싶습니다

저는 행운의 여신 자체를 개의치 않는 편이지만 제게 선택권이 있다면 더 좋은 부분을 취하고 싶습니다. 무슨 일이 생기든 선한 것으로 만들겠지만 기왕이면 더 만족스럽고 즐겁고 다루기 쉬운 것이면 좋겠습니다.

아무런 노력 없이는 미덕을 얻을 수 없지만 미덕이 어떤 것이냐에 따라서 때로는 박차를 가해야 하고, 때로는 고삐를 매어 다스려야 합니다. 가파른 언덕을 오를 때는 지지대가 필요하고 반대로 내려갈 때는 몸을 지탱할 것이 필요한 것처럼, 때로는 미덕도 가파른 언덕 위를 오르기도 하고 내리막으로 향하기도 합니다. 인내심과 결단력, 끈기 등의 미덕은 운명의 여신과 갖가지 어려움에 어떻게든 맞서 싸워 이겨내 언덕 위를 오르려고 노력할 것임은 분명한 일입니다.

그렇다면 자애로움과 절제 그리고 친절함은 가파른 언덕 아래로 향하지 않겠습니까? 이러한 미덕들의 경우에는 아래로 미끄러지지 않도록 박차를 가해야 하지만, 반대로 고난에 맞서 싸우는 미덕들은 고삐를 잡아 한껏 부추겨야 합니다. 따라서 빈곤에 처했을 때는 싸우는 법을 잘 아는 용맹한 미덕을 활용해야 하고, 부유할 때는 쉽게 균형을 잃지 않고 조심스럽게 내딛을 수 있는 미덕을 사용하는 것이 좋습니다.

만약 미덕들 사이에 이러한 차이점이 존재한다면 저는 피와 땀을 흘려야만 얻을 수 있는 미덕보다는 비교적 평화롭게 얻을 수 있는 미덕을 활용하고 싶습니다.

평생 부자로 살 수 있을 것처럼
부유함에 집착하면 안 됩니다

누군가는 "바보와 현인 둘 다 부유함을 얻고자 한다면 둘 사이에 어떤 차이가 있겠습니까?"라고 말할 수도 있을 것입니다.

둘 사이에는 엄청난 차이가 있습니다. 현인은 부를 노예처럼 부리지만 바보에게는 부가 주인 행세를 합니다. 현인은 부를 그다지 중요한 것으로 여기지 않지만 바보는 금은보화 말고는 아무것도 보지 못합니다. 우리는 평생 부자로 살 수 있다는 약속이라도 받은 것 마냥 쉽사리 부유함에 길들여지고 집착하지만 현인들은 부유함에 둘러싸여 있는 순간에도 빈곤함에 대한 생각을 멈추지 않습니다.

군대를 이끄는 수장은 휴전인 상황에서도 언제라도 전쟁이 터질 수 있을 거라고 생각하며 쉽게 평화로움에 안주하지 않습니다. 하지만 우리는 어떤 경우에도 집이 불타거나 무너지지 않을 거라고 믿으며, 으리으리한 저택을 가졌다는 사실에 우쭐해합니다. 마치 '운명의 여신조차 우리가 가진 부를 탐하지 않고, 따라서 절대 위험에 처하지 않을 것'이란 믿음으로 재물에 넋이 나가 있는 것입니다.

우리는 게으름에 빠져 부를 누리고 사느라 눈앞에 다가온 위험은 전혀 보지 못하고 있습니다. 시시각각 주변을 포위해오는 자들의 모습을 멀뚱히 쳐다보고 있는 무식한 야만인과 하나도 다를 게 없는 것입니다.

우리도 별반 다르지 않습니다. 잠시 넋을 놓고 있는 사이 부유함을 노리는 위협들이 사방에 도사리고 있으며, 언제든 불운이 닥쳐 값비싼 소유품을 잃을 수 있습니다. 물론 현인들도 부유함을 빼앗길 수 있지만 진정한 재산은 그대로 남아 있을 것입니다. 현인은 미래에 연연하지 않고 자신에게 주어진 현재를 즐기며 살기 때문입니다.

스스로를 고양시키기 위해
최선을 다해서 살아갑니다

우리는 지혜를 위해 헌신하는 사람들이 영예롭고 용감하며, 당당히 주장하는 바를 일부러 곡해해서 들을 필요가 없습니다. 지혜를 위해 헌신하는 자와 이미 지혜를 습득한 자가 다르다는 점을 반드시 기억해야 합니다.

지혜를 위해 헌신하는 자는 이렇게 말할 것입니다.

"내가 입 밖으로 꺼내는 말들은 훌륭하나, 나는 지금도 악덕의 늪에 빠져 있다. 그러니 원칙에 따라서 살아야 한다고 강요하지 마시길. 나는 최선을 다해서 스스로를 고양시키고 인격을 만들어나가려고 노력하고 있다. 어느 정도 최고의 목표에 도달하고 나면 그때는 내 말과 행동이 일치해야 한다고 강요해도 될 것이다."

반대로 최고의 선을 습득한 사람들은 이와 다른 말을 할 것입니다.

"여러분보다 나은 사람들을 함부로 판단하려고 해서는 안 된다. 나는 이미 사악한 자들의 비판을 얻어내는 것에 성공했으니, 올바른 본성을 가졌다는 증거인 셈이다."

소크라테스는 이렇게 말했습니다.

"나를 세계 모든 나라를 이겨낸 승리자로 만들고, 동이 틀 무렵 나를 바쿠스의 화려한 전차에 태워 테바이까지 데려가주오. 또한 모든 법률이 나로부터 시작되도록 하라. 모든 면에서 신격화 대접을 받는 날, 나 스스로 인간임을 더욱 강하게 느낄 것이다. 가장 높은 곳에 오른 순간, 모든 운이 다해 추락하도록 만들라. 나를 오만하고 잔인한 정복자의 행렬 가운데 들것에 실려가도록 만들라. 다른 사람의 전차에 끌려간다고 해도, 비굴하게 굽신대지 않을 것이다."

소크라테스나 그 정도 위치에서 인간사를 관망하는 현자들은 이렇게 말할 것입니다.

"타인의 의견에 따라서 내 삶을 뒤바꾸지 않는다는 점은 무엇보다 확고하다. 사방에서 아무리 귀에 익은 비난들을 쏟아부어도 이를 기분 나쁘게 듣기보다 오히려 가련한 꼬마들이 울부짖는 것으로 듣고 지나칠 것이다."

지혜를 얻은 사람들은 이렇게 말할 것입니다.
"악덕에 의해 전혀 더럽혀지지 않은 그 영혼들은 미움이 아니라 치유를 위해 타인에게 채찍질을 하라고 명령한다."
그리고 다음과 같이 덧붙일 것입니다.
"나는 다른 사람의 의견에 영향을 받지 않으며, 스스로의 판단에 따라서 움직인다. 미덕을 증오하고 공격하는 것은 선에 대한 희망을 포기하는 것과 같다. 제단을 뒤엎은 자들이 신에게 어떤 해도 끼치지 못하듯, 여러분도 나를 해하지 못할 것이다. 또 해를 끼치지 못하는 것에서 그칠 뿐만 아니라 사악한 의도와 계획이 만천하에 명백히 드러날 것이다."

감옥에 갇힌 중에도 그 어떤 의회보다 감옥 안을 더 숭고하게 만들었던 소크라테스는 이렇게 외칩니다.
"이 무슨 악행이란 말인가! 신성한 것에 악담을 늘어놓고 미덕을 모욕하다니, 이는 신과 인간에 대해 전쟁을 선포하는 것과 다를 바 없다. 선한 것을 찬양하라. 그게 힘들다면 차라리 입을 다물라. 마음껏 중상모략을 하고 싶다면 차라리 다른 자를 헐뜯으라. 만약 그 분노가 하늘을 향하는 것이라면, 그건 명백한 신성모독이지만 나는 아무 말 하지 않겠다. 여러분은 그저 시간을 낭비하고 있을 뿐이다."

과거 아리스토파네스(그리스의 희극 작가로 신식 철학, 소피스트, 신식 교육, 전쟁과 선동 정치자 등을 비난하고 풍자했음-옮긴이)는 저를 재담의 먹이로 사용했고, 희극 극단 전체가 나를 향해 독기 어린 조롱을 늘어놓았습니다. 하지만 그들이 저의 미덕을 공격한 덕분에 제 명성은 더욱 빛나게 되었습니다. 그들 덕분에 군중들 앞에 끌려 나와서 공개적인 시험을 치렀고, 저의 미덕에 도전장을 내밀고 그 위력을 느껴본 자들까지 오히려 그 가치를 깨닫게 되었기 때문입니다. 부싯돌을 쳐본 사람만이 부싯돌이 얼마나 단단한지 잘 아는 것처럼 말입니다.

저는 얕은 바닷물 사이에 외딴 바위처럼 서 있습니다. 오랜 세월 끝없이 파도가 몰아쳐도 끝까지 버티고 있는 바위처럼 꿋꿋하게 서 있습니다. 누구든 강한 파도처럼 제 몸을 공격해보

세요. 저는 끝까지 견뎌내어 마침내 이겨내고 말겠습니다. 굳
건하고 강한 것에 제 몸을 던지는 자는 결국 스스로의 힘만 소
진할 뿐입니다.

그러니 사악한 무리들이여, 화살이 날아가 꽂힐 만큼 물렁하
고 부드러운 목표물을 찾아보기 바랍니다. 그런데도 타인의 악
함을 뜯어보고 이를 평가할 만한 시간적 여유가 당신에게 있단
말인가요?

자신의 악덕은 보지 못하면서
남의 허물을 탓하면 안 됩니다

누군가는 "왜 저 철학가는 넓은 저택을 가지고 있나요? 왜 저 사람은 상다리가 휘어질 정도로 잘 차려 먹는가요?"라고 따질 수도 있을 것입니다.

자기 얼굴에 있는 커다란 땀구멍은 보지 못하면서 남의 얼굴에 있는 뾰루지는 눈에 잘 띄나요? 이는 온몸에 흉측한 곰보 자국이 난 사람이 아름다운 육체에 있는 작은 주근깨와 사마귀를 보고 비아냥거리는 것과 다를 바 없습니다.

차라리 플라톤이 돈을 밝혔다고, 아리스토텔레스가 뒷돈을 받아 챙겼다고, 데모크리토스는 돈을 무시했다고, 에피쿠로스가 재산을 탕진했다고 욕을 하기 바랍니다! 제가 알키비아데스 (정치·군사적 재능과 준수한 외모를 타고났으나 절개와 지조가 없고 사리에 치우쳐 펠로폰네소스전쟁에서 아테네를 패배로 이끔-옮긴이)와 어울린다고 욕을 하세요. 이제 나의 악덕을 그대로 따라 하면서 여러분은 가장 큰 행복을 누릴 수 있을 테니까요.

왜 자신의 악덕은 살피지 못하는가요? 사방에서 당신을 찌르고 안과 밖에서 날뛰고 불타는 악덕들이 셀 수 없이 많은데도 왜 보지 못하고 있나요?

비록 본인의 상황을 충분히 인지하지 못하더라도 인간사란 나보다 나은 사람을 두고 사악하게 혀를 놀릴 수 있을 만큼 여유로운 시간을 남겨두지 않습니다. 그럼에도 불구하고 여러분은 아무것도 이해하지 못하고 자기 분수도 모르며 뚱한 표정을 짓고 있습니다. 자기 집에서 곡소리가 들리고 끔찍한 일이 있는지도 모른 채 한가롭게 서커스나 구경하고 앉아 있는 저 수많은 사람들처럼 말입니다.

하지만 저는 높은 곳에서 잠시 후에 어떤 먹구름이 몰려와 폭우를 쏟아 부으며 그것이 당신과 당신이 가진 재산을 위협하리라는 것을 내려다보고 있습니다. 더 자세히 이야기해주기를 바라나요? 아직도 제대로 느끼지 못하겠지만 당신의 영혼은 거센 폭풍에 휩쓸려 이리저리 휘몰아치고 있습니다. 똑같은 위험을 피했다가 다시 돌진하다가 어느 순간 높은 하늘까지 올라갔다가 다음 순간에는 저만치 심연 속으로 내팽개쳐지고 있는 것입니다.

현인은 자신의 부를 언제든 돌려줘야 하는 것으로 여깁니다

현인은 두려움에 떨며 한 걸음씩 걸을 필요가 없습니다. 자신감으로 가득 차서 운명의 여신을 마주하는 것을 추호도 주저하지 않으며, 결코 물러서지 않기 때문입니다. 그도 그럴 것이 현인은 자신이 가진 재산과 소유물, 사회적 지위뿐만 아니라 자신의 몸과 눈, 손, 그리고 스스로를 특별하게 만드는 모든 것, 심지어 그 자신까지도 언제든 사라질 수 있는 것이라 여기기 때문입니다. 현인은 자신이 가진 모든 것을 잠시 빌려 쓰는 것이라 생각하고 언제든 불만 없이 내려놓을 마음의 준비가 되어 있습니다.

현인은 그 모든 것이 온전히 자신의 것이 아니라는 걸 안다고 해서 스스로를 가치 없는 존재라고 여기지는 않습니다. 오히려 매사에 신성하고 헌신적인 사람들이 본인이 지켜야 할 것을 소중히 돌보듯 주어진 모든 의무에 충실합니다.

언제라도 누군가가 나타나 가진 것을 돌려달라고 명령하면 현인은 운명에 맞서 반항하지 않고 이렇게 말할 것입니다.

"지금까지 제가 많은 것을 가지고 누릴 수 있게 해주어 정말 고맙습니다. 제가 가진 모든 것들을 지키기 위해서 엄청난 대가를 치러야 했지만, 운명이 시키는 대로 기꺼이 포기하겠습니다. 이 또한 무한히 감사할 따름입니다. 만약 그중 하나를 계속 가지고 있으라고 명령하신다면 평생 소중히 돌보도록 하지요. 하지만 그게 아니라면 정성스럽게 세공이 된 은 식기와 조각이 된 식기들, 그리고 집과 식솔들을 전부 돌려드리겠습니다."

만약 자연이 우리에게 주었던 능력을 다시 돌려달라고 말한다면 현인은 이렇게 말할 것입니다.

"처음보다 더 고양된 영혼을 다시 돌려드리겠습니다. 저는 주저하지도 않고, 도망치지도 않겠습니다. 자연이 제게 주었던 모든 것을 즐거운 마음으로 돌려드릴 준비가 되어 있습니다."

가진 것을 지키고자 집착하면
인생은 짧고 비참해집니다

가장 높이 오른 것일수록 더 쉽사리 추락하기 마련입니다. 하지만 그 추락이 남에게 즐거움을 주지는 못합니다. 무언가를 어렵사리 성취한 자들은 이를 지키기 위해 부단히 노력해야 하기에 그들의 인생은 매우 짧고 비참할 수밖에 없는 것입니다.

그렇게 힘들게 무엇인가를 성취하고 이를 불안함 속에서 소유하고 있는 자들은 다시는 돌아오지 않을 시간을 전혀 고려하지 않습니다. 따라서 예전에 하던 일이 떨어지면 새로운 일감을 찾고, 과거의 야망을 새로운 야망으로 바꾸곤 합니다. 자신의 비참한 상황을 정리하려고 하기보다 그저 새로운 무엇인가로 대체해버리고 마는 탓입니다.

Seneca

어쩌자고
짧은 인생을
남에게 화나 내며
낭비하나요

Seneca

화를 내며 시간을 낭비할 정도로
인생은 길지 않습니다

우리는 화라는 악덕에서 자유로워져야 합니다. 마음을 깨끗하게 정화하고 화의 뿌리를 말끔히 뽑아내어 혹시라도 그 사악한 격정이 어딘가에 들러붙어 가지를 뻗지 않도록 주의해야 합니다.

그렇기 때문에 화를 그저 조절하려고 해서는 안 됩니다. 화를 완전히 제거해야 합니다.

사악한 습성을 조절하는 것이 도대체 무슨 의미가 있겠습니까? 최선을 다한다면 악의 뿌리를 완전히 뽑는 것이 충분히 가능합니다.

인간은 필연적으로 죽을 수밖에 없다는 점을 염두에 둔다면 커다란 도움이 될 것입니다. 스스로 그리고 주변 사람들에게 이렇게 말해보세요.

"어쩌자고 우리는 짧은 인생을 남들에게 화나 퍼부으며 낭비하고 있는 걸까요? 고결한 즐거움을 누리기에도 짧은 시간이 아닌가요. 타인을 괴롭히고 슬프게 만드는 것에 시간을 써야 옳은가요?"

아무 가치도 없는 일에 시간을 낭비할 정도로 우리의 인생은 길지 않습니다. 왜 당신은 그렇게 급하게 전쟁터로 달려가나요? 어떠한 이유 때문에 타인과 갈등을 빚으려고 하나요? 왜 인간이 나약한 본성을 타고났다는 것을 잊은 채 누군가를 파멸시키겠다는 분노를 품고 스스로를 파멸의 구렁텅이로 내던지는가요?

제아무리 깊은 원한을 품고 적개심을 불태우며 살아도 언젠가는 열병이나 다른 병에 걸려서 이러지도 저러지도 못할 날이 올 것입니다. 결국 죽음이 끝까지 반목하는 두 사람 사이에 끼어들어 그들을 영원히 갈라놓을 것입니다.

왜 혼란을 자초하며 어지러운 싸움에 인생을 바치려고 하나요? 우리 머리 위에서 운명의 여신이 하루하루 흘러가는 시간들을 가늠하고 있습니다.

우리 모두 하루하루 죽음에 가까워지고 있습니다. 다른 누군가를 죽음에 이르게 하려고 정해두었던 날이 어쩌면 우리 자신이 죽음에 이르게 되는 날이 될 수도 있습니다.

상대에게 화를 낸다고 해서
도대체 무엇이 달라지나요?

우리에게 주어진 짧은 인생을 격정으로 어지럽히는 대신 타인과 본인을 위해서 평온하게 살아가면 어떨까요? 살아 있는 동안 모든 이의 애정을 한 몸에 받고 죽어서도 영원히 기억될 수 있다면 어떨까요?

당신에게 목소리를 높여서 당신을 분노하게 만든 사람의 자존심을 꺾어놓으려고 이를 바드득 간다고 해서 도대체 무엇이 달라지나요? 왜 당신이 가진 권력을 이용해서 한낱 비천하고 비열하기 짝이 없으며 모두를 짜증나게 만드는 그 사람, 당신을 괴롭히고 헛소리를 지껄이는 그 사람에게 복수를 감행하려고 하나요?

왜 당신은 다른 사람들에게 화를 내나요? 잠시 멈추어 생각해보세요. 저만치 우리를 향해 다가오는 죽음이 모두를 평등하게 만들 것입니다.

우리는 원형 경기장에 황소와 곰을 바짝 붙여놓고 눈요기 삼아 치열한 싸움을 즐깁니다. 한쪽이 다른 한쪽을 조각조각 찢어놓고 난 후에는 경기에서 이긴 동물도 결국 살육자의 손에 죽음을 맞이합니다.

우리의 모습도 이와 별반 다르지 않습니다. 승리한 자도, 패배한 자도 얼마 후면 똑같은 결말을 맞게 되는 걸 알면서도 죽어라고 타인을 해하려 애씁니다. 그렇게 소모적으로 살지 말고, 앞으로 얼마 남지 않은 우리 인생을 고요하고 평온하게 보내는 것이 어떨까요? 숨을 거둔 우리의 시체 앞에서 그 누구도 증오받지 않도록 해야 합니다.

옆집에서 "불이야!"라고 고함치는 소리가 들리면 그 즉시 싸움을 멈춥니다. 난데없이 야생동물이 나타나면 여행객을 해하려던 도둑이 저만치 떨어져 나가기도 합니다. 어마어마한 공포가 닥치면 눈앞에 보이는 시시한 악인들과 말싸움을 벌일 여유가 없습니다. 싸우거나 몰래 음모를 꾸민다고 무엇이 달라지겠습니까?

당신을 화나게 만드는 사람이 죽기를 원하나요? 만약 그걸 원한다면 당신은 그저 가만히 있으면 될 일입니다. 그 역시 곧 죽음을 맞게 될 테니까요. 당신이 애쓰지 않아도 이루어질 일이라면 괜스레 고통스러워하며 소중한 시간을 낭비할 이유가 없습니다.

화는 너무나 확연히 드러나며
가차 없는 응징을 지향합니다

여타의 감정들에는 다소 평화롭고 고요한 부분이 잠재되어
있지만, 화라는 감정에는 오로지 공격적인 것들만이 가득할 뿐
이니 충분히 두려울 수 있습니다. 화라는 우울한 충동과 완벽
히 비인간적인 욕구로 인한 영향력이 극대화되면, 나중의 일이
야 어떻게 되든 결국 피를 보고 고통을 가하고 다른 사람을 해
하려 들게 마련입니다. 화는 인간을 날카로운 검의 끝으로 뛰
어들게 만들고, 스스로 파멸할지언정 끝까지 복수를 감행하도
록 만듭니다.

몇몇 현자들은 화를 순간적인 광기라 결론 내리기도 했습니
다. 누구든 화가 났을 때는 자제력을 잃게 되며, 예의범절도 잊

고, 인간적인 유대까지 저버리게 되기 때문입니다. 한순간 눈과 귀가 멀어 이성의 충고를 외면하며, 올바른 것과 참된 것을 보지 못하고, 땅바닥으로 와르르 쏟아져 내리는 돌무더기처럼 엄청난 파멸을 자초합니다.

화라는 감정에 사로잡힌 사람들은 제정신이 아니고, 그것이 겉으로도 확연히 드러나게 마련입니다. 광기 어린 사람들 특유의 돌발적이고 위협적인 분위기와 잔뜩 찌푸린 눈썹, 딱딱하게 굳은 표정, 성급한 걸음걸이, 불안한 손짓, 붉으락푸르락거리는 얼굴빛, 거칠게 들이쉬고 내쉬는 숨소리는 화난 사람들에게서도 똑같이 볼 수 있습니다.

화가 난 사람들의 눈빛은 이글이글 타오르고, 가슴 깊은 곳부터 피가 거꾸로 치솟아 얼굴까지 벌겋게 변하고, 입술을 파르르 떨며 이를 악뭅니다. 머리카락이 쭈뼛거리고, 금방이라도 폭발할 것처럼 거친 호흡을 씩씩 내쉬며, 살짝만 움직여도 온몸의 관절이 우두둑 소리를 냅니다.

그뿐만이 아닙니다. 분노로 신음하고, 고함을 지르며, 이성적인 대화마저 불가능한 데다 화를 못 이겨 손바닥을 치고 발을 구르고 온몸을 비틀면서 위협적인 모습을 보이기도 합니다. 그런 극도의 흥분 상태를 보이는 것, 도착적인 행동으로 흉측하고 끔찍한 모습을 만들어내는 것은 모두 화라는 격렬한 감정 때문입니다.

그래서 화라는 결함이 혐오에 가까운 건지, 아니면 역겨운 쪽인지 정확히 꼬집어 말할 수 없습니다. 다른 결함들은 어떻게 감출 수도 있고 비밀스럽게 담아둘 수도 있지만 화는 그 자체로 확연히 드러나게 마련이며, 심해질수록 부글부글 끓어오릅니다.

야생동물을 봐도 먹이를 사냥하기 전에 일정한 신호들을 보이지 않나요? 보통 때는 차분한 태도를 보이다가 일단 화가 나면 잔혹하게 돌변합니다. 멧돼지는 입에 거품을 물며 나무둥치에 이빨을 갈아 날카롭게 만들고, 황소는 뾰족한 뿔을 허공으로 흔들며 발을 구르고 사방에 모래를 흩뿌립니다. 사자는 무섭게 포효하고, 뱀은 목덜미를 불룩하게 부풀리고, 미친 개는 뚱한 표정을 짓습니다. 동물은 태생적으로는 해롭지도 않고 포악하지도 않지만 일단 화가 나면 급격히 사나워집니다.

다른 격렬한 감정들도 쉽게 감출 수 없습니다. 욕정과 두려움 그리고 대담함만 해도 어떻게든 눈에 띄게 마련입니다. 일단 격정적인 감정에 휩싸이면 누구라도 표정이 변합니다. 그렇다면 이런 격렬한 감정들과 화는 어떻게 구분할 수 있을까요? 보통의 격렬한 감정들은 눈에 띄지만 화는 그보다 더 확연히 눈에 보인다는 점에서 구분됩니다.

인간의 본성이 정상인 상태에서는 무엇보다 자애로운 태도를 보입니다. 이런 인간의 본성을 고려해본다면 '화'라는 감정이 자연스러운 것인지 아닌지 확실히 구별할 수 있습니다. 화보다 더 잔인한 것이 어디 있을까요? 인간만큼 타인에 대한 애정이 강한 생명체가 어디 있을까요? 반대로 화보다 더 극악무도한 감정은 또 어디 있을까요?

앞서 강조했다시피 화는 가차 없는 응징을 지향합니다. 그런 갈망이 인간의 타고난 평화로운 마음속에 존재한다는 것 자체가 본성에 어긋나는 것입니다. 인간의 삶이란 상호이익과 조화, 그리고 다수에게 도움을 주기 위해서 굳게 화합하려는 본성 위에 존재합니다. 이는 두려움이 아니라 서로에 대한 애정을 기반으로 합니다.

무턱대고 화를 내지 말고
신중한 태도를 가져야 합니다

물론 이렇게 반론할 수도 있습니다.

"그렇지만 화를 내서라도 상대의 잘못된 점은 바로잡아야
할 필요가 있지 않을까요?"

상대의 잘못된 점은 바로잡을 필요가 있습니다. 하지만 무턱
대고 화를 내는 것이 아니라 먼저 신중한 태도를 가져야 합니
다. 잘못을 바로잡는 것은 상대에게 상처를 주기 위한 것이 아
니라 잘못을 지적하고 이를 고치고자 하는 것이기 때문입니다.

우리는 구부러진 창끝을 똑바로 펴기 위해서 먼저 뜨거운 열
을 가합니다. 그리고 뒤틀린 부분을 편편하게 만드는 과정에서

창끝이 부러지지 않도록 쐐기를 박습니다. 누군가 악덕에 사로잡혀 마음이 뒤틀려 있을 때는 이처럼 일정한 고통을 육체와 정신에 가해서 바로잡아야 합니다.

의사를 예로 들어보죠. 소소한 질병을 치료할 때는 환자의 생활 습관을 지나치게 제한하지 않는 선에서 음식과 음료의 섭취를 조절합니다. 그리고 운동량을 늘리는 새로운 규칙을 제시하면서 건강을 회복시키기 위해 노력합니다. 이후 이런 변화로 어느 정도의 만족스러운 결과를 가져왔는지 살펴봅니다. 만약 식이요법과 운동량의 조절이 별다른 효과를 가져오지 않았다면 다시 식단을 줄이고 운동량을 낮춥니다. 그렇게 해서도 차도를 보이지 않는다면 의사는 과감히 음식물 섭취를 중단하고 단식을 통해 몸의 부담을 줄여봅니다. 이렇게 가벼운 치료법이 아무 효과를 보이지 않으면 이제 외과적 수술로 방향을 전환합니다. 심각한 질병이 신체를 위협하고 감염되는 최후의 상황에 이르면 그때 과감히 수술을 집도합니다. 그런 외과적 치료를 통해 질병이 치유되고 건강을 되찾을 수만 있다면 누구도 이를 가혹하다고 비난하지 않습니다.

마찬가지로 법을 집행할 의무를 가진 사람이나 지역사회를 이끄는 지도자도 가능하면 대화를 통해 잘못된 행동을 일삼는 자들을 바로잡아야 합니다. 최대한 부드러운 어조로 사회규범을 해치는 사람들이 올바른 길로 갈 수 있게 설득하고, 명예로움과 정의에 대한 갈망을 불어넣어 악덕을 피하고 미덕을 품게 해야 합니다. 그다음 단계에서는 다소 혹독한 언어를 사용하더라도 여전히 조언과 질책의 수준에 그쳐야 합니다. 마지막 단계에 이르면 적당한 처벌을 받도록 해야 합니다. 하지만 그 역시 일시적이고 가벼운 것이어야 합니다. 극악한 범죄를 저지른 자에게는 당연히 극약 처방을 내려야 하지만, 차라리 죽는 것이 죄를 저지른 자에게 나을 때를 제외하고는 가급적 어느 누구의 생명도 해치지 않는 범위를 지켜야 합니다.

법을 집행하는 자와 의사는 한 가지 측면에서 다릅니다. 의사는 도저히 삶의 행복을 누릴 수 없는 지경에 이른 환자들에게 평화로운 죽음을 제공하지만, 법을 집행하는 자들은 불명예와 수치 속에서 살아야 하는 자들에게 사형선고를 내립니다. 누군가를 처벌하는 것에서 쾌감을 느끼기 때문이 아닙니다.

현명한 사람들은 비인간적인 잔인함과는 거리가 멉니다. 그들이 극약처방을 내리는 이유는 많은 사람들에게 경각심을 불러일으키기 위함이고, 또한 범죄자들이 목숨을 부지한다고 해도 사회에 전혀 이득이 될 것이 없기 때문입니다.

이것만 보아도 인간의 본성에는 타인에게 처벌을 가하고 싶어하는 갈망이 존재하지 않는다고 볼 수 있습니다. 화는 타인을 처벌하고자 하는 갈망을 담고 있기에 인간의 본성과 상반된 것입니다.

이쯤에서 그리스의 철학자 플라톤의 주장을 인용해볼까 합니다. 플라톤은 이렇게 말했습니다.

"선한 자는 어떠한 해도 가하지 않는다."

처벌은 타인에게 해를 끼칩니다. 그러므로 선한 자가 타인을 처벌하는 것은 어울리지 않습니다. 반대로 화도 선한 자에게는 어울리지 않습니다. 처벌은 화와 서로 잘 어울리는 한 쌍입니다. 선한 자가 처벌을 통해 아무런 쾌감을 느끼지 못한다면, 처벌을 통해 쾌감을 얻는 심적인 상태에 처한다 해도 아무 기쁨을 느낄 수 없을 것입니다. 결과적으로 화는 인간이 타고난 본성에 반대되는 것이라고 볼 수 있습니다.

상대방의 과오를 용서하려는
아량을 가져야 합니다

　인간이 저지르는 과오에 대해서는 일절 화를 내지 않아야 한다고 생각하는 편이 낫습니다. 어둠 속에서 헤매는 자들에게 화를 낸다고 무엇이 달라질까요? 이성의 소리를 듣지 못하는 자들, 자기 할일을 잊고 친구들과 놀이에 빠져서 농담 따먹기나 하는 아이들에게 화를 낸다고 무엇이 달라질까요?

　나이가 들어 몸이 약해지고 피로가 쌓인 노인들에게 화를 내는 것은 또 어떤가요? 인간이 타고난 불운 중 하나는 바로 지적인 능력마저도 언젠가 늙는다는 것입니다. 그래서 어쩔 수 없이 잘못된 길로 빠져들기도 하고, 다른 길로 엇나가면서 삐뚤어진 쾌감을 느끼기도 합니다. 과오를 저지르는 개개인에게 화를 내지 않기 위해서는 온갖 과오들을 이해하고 인류 전체를 가슴에 품고 용서하려는 아량을 가져야 합니다.

만약 노인과 청년들이 잘못을 저지른다고 화를 낸다면 젖먹이에게도 화를 내게 될 것입니다. 젖먹이 어린아이도 언젠가는 청년이 될 것입니다. 어린아이들이 분별력 없이 행동한다고 해서 불같이 화를 내는 사람은 어디에도 없습니다. 나이가 어리다는 것보다 인간이라는 것 자체만으로도 무한한 아량을 베풀 만한 충분한 이유가 될 수 있습니다.

인간이란 태생적으로 육체의 병뿐만 아니라 갖가지 마음의 병에 걸릴 수 있는 여지를 충분히 갖고 있습니다. 둔하지도, 지적인 능력이 떨어지는 것도 아니면서 자신이 가진 지적인 능력을 나쁜 곳에 악용하고야 마는 존재가 인간입니다. 스스로 악덕의 본보기가 되고 마는 가장 나약한 존재가 바로 인간입니다. 나쁜 길로 들어선 타인의 선례를 보고 이를 따라하듯 도로 위를 헤매는 사람들에게도 나름대로 변명할 구실이 있습니다.

자신의 병사 중 한 명의 탈영병이 나온다면 지휘관은 이를 엄격히 다스릴 것입니다. 하지만 병사 전체가 탈영을 감행한다면 그저 용서하는 방법밖에 없습니다.

사악한 격정에 어떻게든
굴복하지 않아야 합니다

　현자로 하여금 화를 거두도록 만드는 건 과연 무엇일까요? 그것은 죄를 저지르는 자가 수없이 많은 까닭입니다. 현자는 인간이 공통적으로 범하는 과오에 대해 일일이 화를 내는 게 얼마나 불공평하고 위험한 일인지 알고 있습니다.

　현자는 절대 죄를 지은 자들에게 화를 내지 않을 것입니다. 왜냐하면 현자는 인간은 누구나 우매하게 태어나고 나이가 듦에 따라서 점점 현명함을 체득해간다는 사실을 알고 있기 때문입니다. 각 시대별로 현자로 불리는 사람들의 수는 지극히 제한적이고, 그들은 인간사의 온갖 면면을 이해할 수 있는 능력을 가진 자들입니다.

제정신을 가진 사람이라면 자연을 보며 화를 내지 않을 것입니다. 무성하게 우거진 숲에 과일나무가 자라지 않는다고 해서, 잡초와 가시덤불로 가득한 곳에서는 맛있는 열매가 열리지 않는다고 해서 화를 내는 것은 얼마나 우매한 짓인가요? 타고난 자연의 결함을 탓하는 자는 없습니다.

진정한 현자는 언제나 평온한 태도로 실수를 저지르는 자들을 감싸 안습니다. 죄를 지었다고 해서 적으로 대하는 것이 아니라 오히려 발전할 가능성이 남아 있다고 생각합니다. 그리고 그런 자애로운 마음가짐으로 세상에 나섭니다.

'나는 수없이 많은 죄인들을 만나게 될 것이다. 술에 취한 자들, 욕망에 사로잡힌 자들, 감사할 줄 모르는 자들, 탐욕스러운 자들 그리고 광기에 사로잡힌 자들까지!'

현자는 병에 걸린 환자를 다루는 의사처럼 온화한 눈으로 그들을 바라볼 것입니다.

배의 이음매가 벌어져 물이 줄줄 새어 들어온다고 해서 선원이나 배에게 화를 내는 선장은 없지 않나요? 화를 내기보다는 얼른 눈앞의 사태를 수습하려고 들 것입니다. 물이 새어 들어오지 않도록 막고, 배에 고인 물을 퍼내고, 눈에 보이는 틈새를

좁히려고 노력할 것입니다. 눈에 보이는 부분부터 그렇지 않은 부분까지 어떻게든 물이 들어오지 않도록 쉬지 않고 막을 것입니다. 계속해서 물이 들어온다고 해서 손을 놓고 포기하지 않습니다.

우리도 긴 호흡을 유지하며 끝없이 밀려오는 끈질긴 악덕에 맞서야 합니다. 악덕을 뿌리 뽑기 위해서가 아닙니다. 어떻게든 사악한 격정에 굴복하지 않기 위해서입니다.

화를 내는 것보다
더 고단한 일이 있을까요?

　행복으로 가는 길은 가까이에 있습니다. 우리는 그저 행운의 신과 선한 기운을 주는 신들의 도움을 받으며 행복의 문으로 다가서기만 하면 됩니다. 나중에는 평소 습관대로 돌아가는 것이 더 힘들어질 것입니다.

　마음의 평온을 얻는 것보다 더 안락한 것이 있을까요? 화를 내는 것보다 더 고단한 일이 있을까요? 온화함보다 더 편한 것이 있을까요? 잔인함보다 더 복잡한 일이 있을까요?

　악덕은 항상 분주하게 움직이지만 겸손함은 여유를 줍니다. 미덕의 문화는 유지하기에 용이하지만 악덕을 지속하려면 엄청난 대가를 치러야 합니다.

먼저 우리 마음에서 화를 지워내야 합니다. 최대한 화를 억눌러야 한다고 주장하는 사람들도 제 말에 어느 정도 동의할 것입니다. 모든 악덕을 마음에서 비워버려야 합니다. 악덕을 품고 있어봤자 전혀 득이 될 것이 없습니다.

화를 지우면 더 쉽게 범죄를 뿌리 뽑을 수 있고, 죄인을 정당히 처벌하고 바르게 이끌 수 있습니다. 현명한 사람은 격정의 도움 없이도 자신의 의무를 다할 것이고, 행여 정해진 선을 넘어서지 않을까 시시각각 감시해야만 하는 부수적인 것들에 현혹되지 않을 것입니다.

진실을 알 때까지
적당한 시간을 가져야 합니다

우리는 악덕의 근본적인 원인과 맞서 싸워야 합니다. 화는 '내가 상처를 입었다'는 믿음에서 시작됩니다. 하지만 그 잘못된 믿음에 쉽게 넘어가서는 안 됩니다.

우리가 받은 상처가 너무 확연해 눈에 띄더라도 절대 분노하지 말아야 합니다. 때로는 잘못된 믿음이 진실인 양 위장하고 있기도 하니까요. 진실을 알 때까지 적당한 시간을 가져야 합니다. 시간이 지나면 진실은 드러나게 마련입니다.

모략을 일삼는 목소리에 쉽게 귀를 기울이지 말아야 합니다. 우리가 타고난 결함에 맞서며 진실을 알게 될 때까지 기다려야 합니다. 인간은 듣고 싶지 않은 말을 쉽게 믿는 경향이 있으며,

올바른 판단을 내리기도 전에 분노에 휩싸이곤 합니다.

중상모략과 미심쩍은 행동에 마음이 흔들려서 악의 없이 미소를 지어보이는 사람을 오해한다면 어떻게 될 것인가요? 눈앞에 없는 사람이라도 가급적 감싸주고, 화내는 것은 잠시 뒤로 미루어두는 편이 그의 죄를 캐묻고 처벌하는 것은 나중에 해도 되지만 한 번 처벌을 하고 나면 결코 되돌릴 수 없습니다.

알렉산드로스(대제국을 건설한 마케도니아의 왕-옮긴이)를 보세요. 그는 매우 용기 있는 자였습니다. 그의 주치의이자 친구였던 필리포스가 독살을 하려 들 수도 있다는 어머니의 경고 섞인 편지를 읽고도, 친구가 내민 술잔을 서슴없이 들이켰습니다. 그만큼 오랜 벗에 대해 깊은 신뢰를 가지고 있었던 것입니다. 친구 필리포스가 결백하다는 것을 굳게 믿었기에 그는 진정한 벗을 가질 만한 자격이 충분했습니다.

알렉산드로스는 평소 화를 잘 내기로 유명했기에 그의 일화는 충분히 칭찬받아 마땅합니다. 보통 왕의 자리에 있는 사람들이 온건함을 보이는 경우는 흔치 않은 터라 더욱 칭찬받아야 한다고 생각합니다.

위대한 율리우스 카이사르 역시 내란에서 승리한 직후 정복자로서 자비로운 태도를 실천한 바 있습니다. 그는 폼페이우스 앞으로 배달하려던 편지 뭉치를 가로챘지만 편지의 내용을 읽지도 않고 그대로 불태워버렸습니다. 편지를 보낸 사람들은 카이사르와 폼페이우스 둘 중 어느 편도 아니거나, 주로 폼페이우스를 지지하는 자들이었습니다.

물론 카이사르도 가끔은 화를 낼 때가 있었지만 되도록 화를 내지 않으려고 애썼습니다. 타인의 잘못을 속속들이 캐묻지 않는 것이 최선의 용서라고 여긴 것입니다.

때로는 당신을 질책하는 말에
귀를 기울여보세요

온갖 세상사를 자로 잰 듯이 공정하게 재판한다면 그 누구도 죄로부터 자유로울 수 없다는 사실을 염두에 두어야 합니다.

분노는 '나는 죄가 없다, 나는 아무 잘못도 없다'라는 생각에서 시작됩니다. '나는 그저 잘못한 것이 없다'고 믿고 싶은 것뿐입니다. 그래서 처벌을 받거나 질책을 받았을 때는 곧바로 반감부터 품습니다. 본래 저지른 잘못에 고집과 오만함까지 더해지게 되는 것입니다.

그 누가 자신은 어떤 위법 행위도 저지르지 않았다고 자부할 수 있을까요? 만약 그런 자가 있다고 해도 그저 법이라는 한정된 범위 안에서만 가능한 일입니다. 인간이 지켜야 할 적법한 행동의 범위는 지극히 제한적인 법의 범주를 한참 넘어서는 것입니다.

효심, 친절함, 자애로움, 정의로움, 명예로움 같은 감정들은 한낱 법령 속에서는 절대 찾아볼 수 없는 것들입니다. 그럼에도 우리는 가장 제한적인 법의 범주 안에서조차 완벽히 무죄라고 주장하기 힘듭니다. 정말 법을 어겼을 수도 있고, 법을 어기려고 생각만 했거나 혹은 이를 바랐을 수도 있으며, 타의에 의해 충동을 느꼈을 수도 있습니다. 자신이 의도했던 일이 성공하지 못해 결백한 상태로 남았을 수도 있습니다.

이런 점을 염두에 두고 죄를 저지른 타인들을 공정하게 대하려고 노력해야 합니다. 때로는 우리를 질책하는 말에 귀를 기울여보세요. 어떤 경우에도 스스로에게 화를 내어서는 안 됩니다. 스스로에게조차 화를 내야 한다면 그 누가 비난의 대상이 되지 않을 수 있을까요?

적어도 신들에게 분노해서는 안 됩니다. 우리가 불운으로 고통을 겪는 것은 신들의 잘못이 아니라 우리가 인간이란 존재로 태어났기 때문이니까요.

화를 치유하는 최고의 방법은
잠시 늦추는 것입니다

누군가 자신의 험담을 하고 다닌다면 먼저 본인이 그에 대한 나쁜 말을 하고 다닌 적이 없는지 돌이켜보세요. 자신이 다른 사람들에 대해서 악담을 한 적은 없는지 생각해보세요.

타인이 나를 해하려고 하는 것이 아니라 그저 우리가 던진 부메랑이 되돌아오는 것이라고 생각해야 합니다. 좋은 의도를 가지고 한 일일 수도 있고, 잠시 충동적으로 그랬을 수도 있고, 아무것도 모르고 했을 수도 있습니다.

아무리 의도적으로 나쁜 말을 했다고 해도 해악을 끼치기 위해서 그런 것이 아닐 수도 있습니다. 그저 재미를 불러일으킬 요량으로 꺼낸 말이거나 우위를 차지하고 싶어서 그랬을 수도 있습니다. 좋은 의도로 한 말인데 그것이 지나쳐서 우리가 불쾌함을 느꼈을 수도 있습니다.

사실 우리도 잘못한 것이 없는데 의심을 받은 적이 몇 번씩은 있지 않나요? 상황에 맞는 행동을 했는데도 운이 좋지 않아서 잘못으로 오해를 받은 적도 많지 않나요? 누군가를 처음에는 싫어했지만 나중에 좋은 사이가 되었던 경우를 생각해보면, 즉각적으로 화에 휩싸이는 것을 막을 수 있습니다.

나에게 어떤 해악이 닥쳤을 때, 스스로 이렇게 말해보세요. "나도 이런 행동을 한 적이 있었지."

화를 치유하는 최고의 방법은 잠시 늦추는 것입니다. 악행을 용서하기 위해서가 아니라, 잠시 생각할 시간을 갖기 위해서 화를 늦추어야 합니다.

처음에는 힘들겠지만 잠시만 늦추면 화도 점차 잦아듭니다. 한 번에 화를 없애려고 하지 말고, 하나씩 하나씩 화를 제거하다 보면 어느새 화가 완전히 사라질 것입니다.

화를 우정으로 바꾸는 것보다
더 아름다운 일이 있을까요?

우리는 화를 최대한 자제해야 합니다. 화를 자극하는 사람이 같은 직책의 사람이건 윗사람이건 아랫사람이건 말입니다. 동일한 직책의 사람과 다투면 사이가 벌어지고, 윗사람과 싸우는 건 바보짓이며, 아랫사람과 싸우는 것은 한심한 짓입니다. 내 목을 조인 사람의 뒤에서 똑같이 목을 조이는 것은 비열한 행동입니다.

개미와 쥐는 누가 손만 내밀어도 이빨을 드러냅니다. 연약한 생물들은 건드리기만 해도 공격을 당한다고 생각합니다.

과거에 상대가 우리에게 베풀어주었던 선행을 떠올리면 화가 조금은 누그러질 것입니다. 현재의 기분 나쁜 감정을 과거의 추억으로 상쇄하세요. 또한 이번 일을 용서하고 관용을 베풀었을 때 남들에게 큰 신뢰를 줄 수 있다는 점을 기억하세요. 더불어 좋은 친구들을 많이 얻을 수도 있을 것입니다. 화가 난다고 해서 그 화를 상대의 자손 대대로 향하지 않도록 해야 합니다.

누군가를 용서하는 것이 죽기보다 싫다고 느껴질 때는 세상 사람 모두가 냉혹해진다면 어떤 좋은 점이 있을지 생각해보세요. 스스로 용서를 거부했던 사람이 다시 엎드려 용서를 구하는 일이 얼마나 자주 벌어지나요? 과거 자신이 매정하게 퇴짜 놓았던 자의 발에 매달려 굽신대는 경우도 있습니다. 분노를 우정으로 바꾸는 것보다 더 아름다운 일이 있을까요?

누군가 당신에게 화를 내고 있다면 오히려 친절함으로 대해야 합니다. 말싸움은 한쪽에서 먼저 양보를 하면 곧바로 끝이 납니다. 싸움에는 상대가 필요하기 때문입니다.

서로 화를 내며 싸움을 시작했더라도 먼저 물러서는 자가 승리하게 됩니다. 그럴 때는 이기는 것이 결국 지는 것입니다.

상대가 당신을 때렸다고 가정해보죠. 그러면 한 발자국 물러서세요. 상대에 맞서 주먹을 날리면 상대에게 다시 주먹을 날릴 여지를 주는 것입니다. 한바탕 주먹다짐을 하고 이쯤에서 멈추고 싶다는 생각이 들어도 이미 때는 늦습니다.

너무 힘껏 주먹을 날리는 바람에 자기 손까지 상대방의 상처에 박혀 이러지도 저러지도 못하는 상황에 처하는 것을 바라나요? 화는 바로 그런 무기입니다. 일단 화를 내고 나면 절대 돌이킬 수 없습니다.

우리는 주의를 기울여 다루기 쉬운 무기를 선택해야 합니다. 손으로 잡기 쉽고 다루기 쉬운 칼처럼 말입니다. 지나치게 격렬하고 흉폭하며 누군가의 마음에 돌이킬 수 없는 상처를 주는 일은 가능한 피해야 하지 않을까요?

부드럽고 낮은 목소리로
화의 신호를 억눌러야 합니다

만약 화를 극복하고자 하는 의지가 있다면 화가 우리를 정복하지 못하도록 끝까지 싸워야 합니다. 화를 놓아주고 빠져나갈 구멍을 내어주지 않는다면 화를 다스릴 수 있을 것입니다. 최대한 화의 증상들을 못 본 척하고 저만치 숨겨두어야 합니다.

물론 화라는 놈이 어떻게든 튀어나오고 싶어 눈을 희번덕거릴 테니 엄청나게 힘들 것입니다. 하지만 일단 화라는 녀석이 밖으로 표출되기 시작하면 화의 노예가 되는 것은 시간 문제입니다. 그러므로 최대한 화라는 감정은 가슴 깊숙이 숨겨두고, 절대 화에 휩쓸려서는 안 됩니다.

반면에 화로 인한 증상들은 가능한 표출하기 위해 노력해야 합니다. 평소처럼 편안한 표정과 부드러운 목소리로 걸음을 늦추며 화의 신호를 억눌러야 합니다. 그러다 보면 평온한 겉모습에 맞추어 우리 마음도 천천히 평화를 찾아갈 것입니다.

소크라테스는 화가 나면 억지로 목소리를 낮추고 말수를 줄였다고 합니다. 이는 어떻게든 화를 억누르려고 무던히 노력하였다는 의미입니다. 이를 알아챈 친구들이 자신들 앞에서까지 화를 참는다고 불만을 토로하기도 했지만 소크라테스는 그들의 불평에도 전혀 개의치 않았습니다. 그가 화가 났다는 사실은 알아챌 수 있지만 그 화를 온몸으로 느끼지 않아도 되니 얼마나 다행스러운 일인가요? 만약 화를 억지로 참는 자신을 책망하는 소리에 흔들렸더라면 소크라테스 또한 불만이 생겼을 수도 있지만 친구들 역시 소크라테스의 분노를 온몸으로 감내해야 했을 것입니다.

우리도 소크라테스의 선례를 본받아야 하지 않겠습니까? 가장 친한 친구들에게 솔직한 비판을 구하고 이를 참아내는 법을 배워야 합니다. 아무리 화가 나도 스스로 극복하려고 애써야 합니다. 정신이 똑바로 박혀 있고 우리 감정을 스스로 다스릴 수 있는 한, 제멋대로 행동하려는 강력한 악덕에 굴복하지 않도록 스스로 도움을 구해야 합니다.

술에 취해서 남들에게 피해를 주는 나쁜 습관이 있다면 술에 취했을 때 주변 사람들에게 그 자리에서 데리고 나가달라고 미리 부탁해야 합니다. 건강이 좋지 않은 상태에서 비이성적인 말을 일삼는다는 것을 깨달았다면 몸이 좋지 않을 때 뱉은 말은 한 귀로 흘려 달라고 부탁하는 것이 좋습니다.

가장 좋은 방법은 자신의 악덕을 멈추어줄 만한 장애물을 찾는 것입니다. 그리고 순간적으로 마음이 흔들려 심각한 상황이 생기더라도 화를 표출하지 않기 위해 항상 차분한 마음을 유지하는 것이 중요합니다. 지나치게 화가 나려고 할 때는 최대한 그 화를 가슴에 감추고 상처를 드러내지 않으려고 애써야 합니다.

화를 자극하는 사람들을
애당초 피해야 합니다

우리는 부당한 일을 당하면 이를 견뎌낼 인내심이 부족하기 때문에 가능한 그런 일을 당하지 않도록 조심해야 합니다. 너무 불안정하거나 퉁명스러운 사람은 되도록 멀리하고, 조용하고 편한 성품의 사람들과 어울려야 합니다.

가까이 어울리는 사람들끼리는 성격도 닮아가게 마련입니다. 살짝만 접촉해도 전염병이 옮는 것처럼 친한 사람들끼리는 습관도 닮습니다. 술을 좋아하는 사람은 친구들을 꼬드겨 와인을 마시도록 만들고, 성적으로 자유분방한 사람들은 도덕적이고 곧은 신념의 소유자도 타락하게 만듭니다. 탐욕은 주변 사람들에게도 독약을 퍼트립니다.

미덕도 똑같은 작용을 하지만 결과는 정반대입니다. 미덕은 주변의 모든 것들을 발전하도록 만듭니다. 아픈 사람들이 따뜻하고 토양이 좋은 곳에서 살면 건강해지는 것처럼 좋은 사람들과 어울리면 우리도 큰 도움을 받고 강인한 마음을 지니게 됩니다.

이런 시도가 얼마나 효과적인지는 주변에서도 쉽게 확인할 수 있습니다. 야생동물조차 인간과 함께 어울리다 보면 온순하게 길들여지게 마련입니다. 조금씩 시간이 지나면서 타고난 야생성은 누그러지고, 점차 평온해지면서 야생성이 완전히 사라지게 됩니다.

평온한 사람들과 함께 살다 보면 마음의 평온을 얻게 되고 화를 낼 이유 자체가 없어지기 때문에 예전처럼 악한 행동을 저지를 기회가 없어집니다. 그러다 보면 나중에는 본인의 화를 자극할 만한 사람들을 스스로 피하게 됩니다.

우리의 화를 자극하는 사람들은 이 세상에 수도 없이 많습니다. 그 이유도 제각각입니다. 오만한 사람들은 경멸의 말을, 지나치게 말이 많은 사람들은 모욕적인 언행을, 무례한 사람들은 건방진 태도를, 심술궂은 사람들은 사악한 의도를 보입니다.

호전적인 사람들은 싸움을 걸어올 것이며, 허풍쟁이는 허황된 거짓말로 화를 자극할 것입니다. 의구심에 가득 찬 사람은 의심의 눈초리로 쳐다볼 것이고, 고집불통인 사람은 당신을 이기려고 기를 쓸 것이고, 오만하기 짝이 없는 사람은 당신을 무시할 것입니다. 그들과 마주하게 되면 어느 누구라도 화를 참기 힘들 것입니다.

그러니 솔직담백하고 천성이 바르고 절제할 줄 아는 사람들을 골라서 사귀어야 합니다. 그들은 당신의 화를 돋우지 않을 것이며, 당신이 화를 낸다고 무작정 참아주지도 않을 것입니다.

당신을 화나게 만든
상대의 입장에서 생각해보세요

대부분의 사람들은 아무 근거도 없는 의심이나 사소한 문제를 트집 잡아 스스로 불만을 만들어냅니다. 화가 제 발로 우리를 찾아오기도 하지만 당신 스스로 화를 찾아 나서기도 한다는 뜻입니다.

절대로 화를 찾아가서는 안 됩니다. 아무리 화가 우리의 발목을 잡아도 거칠게 뿌리칠 줄 알아야 합니다.

"지금 나를 기분 나쁘게 하는 일은, 언젠가 나도 똑같이 했던 일이거나 혹은 했을 수도 있는 일이다."

이렇게 말하는 사람은 아무도 없습니다. 우리가 언젠가 왜 그런 행동을 했는지는 궁금해하지 않고, 눈앞의 행동 자체만을 문제 삼는 경향이 있습니다.

먼저 그 행동을 하게 된 이유부터 살펴야 합니다. 그 일을 의도적으로 한 것인지, 실수로 그런 건지, 누군가의 강압에 의한 행동인지, 아니면 잘못된 판단으로 인한 것인지 말입니다. 증오심 때문에 저지른 짓인지, 어떤 대가를 바라고 한 일인지, 그 사람 본인의 만족을 위한 일인지, 아니면 친구를 위해 벌인 일인지도 중요합니다. 그 상대의 나이가 몇인지, 혹은 운이 없어서 벌어진 일인지도 고려해봐야 합니다. 나를 기분 나쁘게 만든 상대와 그의 행동을 관대하게 용서하는 인도주의적인 태도를 보이는 것도 나쁘지 않습니다.

나를 화나게 만든 상대의 입장에서 생각해봐야 합니다. 그러면 진짜 나를 화나게 만드는 것은 자신이 잘못된 평가를 받았다는 사실 때문이라는 것을 알 수 있습니다. 어쩌면 내가 저질렀을 수도 있는 일로 남을 괴롭히는 것은 옳지 않습니다.

평소에 이성적인 사람이라면
상대방의 변명을 믿어주세요

화가 나려고 할 때는 스스로 자문해봐야 합니다.

"나는 필리포스보다 막강한 힘을 가진 사람인가?"

마케도니아의 왕 필리포스(알렉산드로스대왕의 아버지로, 해체 위기에 처한 왕국을 재건했음-옮긴이)조차 엄청난 모욕과 무시를 꿋꿋이 참아내지 않았던가요! 전 세계를 손아귀에 쥐고 흔들었던 아우구스투스 황제보다 고작 집에서 군림하는 당신이 힘이 세단 말인가요? 아우구스투스 황제도 자신을 욕보이는 사람들에게 그저 등을 돌리는 것으로 만족했습니다.

당신이 얼마나 대단한 사람이라고 다른 이가 좀 시끄럽게 굴었다고 해서 죄인 취급을 한단 말인가요? 많은 사람들이 기꺼이 적을 용서한 바 있습니다. 다소 게으르고 조심성이 없고 말수가 많다고 해서 용서하지 못할 이유가 무엇인가요?

어린아이들은 나이가 어리니 용서해주어야 하고, 낯선 사람은 그럴 자유가 있으니 용서해주어야 합니다. 누군가가 잘못된 행동을 한 것이 처음인가요? 그렇다면 오랜 세월 똑바로 처신했던 일을 떠올려보세요. 지금까지 누군가가 여러 번 잘못을 되풀이했나요? 그럼 지금까지 해온 것처럼 한 번 더 참으세요. 상대가 친구인가요? 그렇다면 고의로 잘못하지는 않았을 것입니다. 상대가 적인가요? 적이라면 해를 끼치는 것이 당연합니다.

평소에 이성적으로 행동하던 사람이라면 그의 변명을 있는 그대로 믿어주세요. 평소에도 어리석었던 사람이라면 최대한 자비를 베푸세요.

상대방이 잘못된 행동을 할 때마다 스스로 이렇게 말하세요. "제아무리 현명한 사람도 실수를 저지를 때가 있다. 누구든 조심성을 잃고 제멋대로 행동할 수 있다. 인생 경험이 풍부한 사람도 진지함을 잃고 잘못된 행동을 할 수 있으며, 언제나 남의 기분을 상하게 하지 않으려 조심하던 사람도 가끔은 실수로 남의 기분을 상하게 만들 수 있다."

상대가 했던 것처럼
똑같이 되갚아줄 필요는 없습니다

우리의 젊은 시절을 돌이켜 생각해봐야 합니다. 자신의 의무를 소홀히 하고 말조심을 하지 않고 술을 절제하지 못했던 적이 얼마나 많았던가요?

지금 화를 내고 있다면 스스로 어떤 행동을 해왔는지 돌이켜볼 시간을 주세요. 그렇다면 스스로 잘못을 바로잡을 수 있을 것입니다.

우리는 자신의 행동에 대한 책임을 져야 합니다. 그렇다고 상대가 했던 것처럼 똑같은 행동으로 되갚아줄 필요는 없습니다. 우리를 화나게 만들고 자극하는 사람을 못 본 척 넘어가는 사람은 언제라도 사람들과 일정한 거리를 유지하고 꿋꿋한 태도로 버텨낼 수 있습니다. 엄청난 타격을 받아도 미동하지 않는 것이 진정한 위대함입니다.

이는 몸집이 거대한 야생동물이 개가 왈왈거리며 짖는 소리에 별 반응을 보이지 않는 것과 같습니다. 혹은 바다 한가운데 있는 커다란 바위가 높은 파도에도 꿈쩍하지 않고 맞서는 모습과도 비슷합니다.

쉽게 화에 휩쓸리는 사람은, 되도록 화를 내지 않고 해악에도 흔들리지 않는 사람을 보면서 배워야 합니다. 그 어떠한 해악에도 꿈쩍하지 않는 사람은 한쪽 팔에 고결한 선을 품고 있는 것과 같습니다. 그는 다른 사람뿐만 아니라 자신을 시험하는 운명을 향해 당당하게 대답할 수 있습니다.

"어디 한번 나를 흔들어보시오. 나의 평정심을 흐트러트리기에 그대는 너무 나약한 존재니까요. 이성이 그대를 멈추게 할 것이오. 평생을 이성의 조언을 신뢰하며 살아왔소. 당신이 나를 해하는 것보다 그 후에 내가 화를 내는 것이 더욱 큰 해악을 불러올 것이 분명하오. 더 큰 해악을 불러온다는 게 믿기지 않는다고요? 당신이 내게 미치는 해악은 한계가 정해져 있지만 화라는 격정이 나를 어디까지 끌고 갈지는 모르기 때문이오."

불을 끄고 잠자리에 누워
스스로를 점검하고 반성하세요

우리가 가진 감각들을 강하게 단련해야 합니다. 인간은 엄청
난 참을성을 타고 났으며, 이를 망가트리려는 사악한 기운과
강하게 맞설 수 있습니다. 우리는 이러한 감각들을 매일 점검
하고 다스려야만 합니다.

섹스티우스(로마의 사상가로, 금욕적이고 엄격한 도덕적 생애를 보냄-
옮긴이)도 같은 방법을 사용했습니다. 그는 매일 저녁마다 하루
를 마무리하고 잠자리에 들기 전에 스스로에게 이렇게 자문했
습니다.

"오늘 나는 어떤 나쁜 습관을 고쳤는가? 악덕을 다스리려고
노력했는가? 어떤 점에서 발전을 이루어냈는가?"

매일 재판정 앞에서 매서운 심판을 받아야 한다면 우리의 화도 조금은 누그러지고 기가 한풀 꺾일 것입니다. 하루하루 있었던 일들을 전체적으로 점검하는 것만큼 좋은 방법이 또 있을까요? 철저한 자기반성 후의 수면은 얼마나 달콤하고 꿀맛 같을까요?

　매일 저녁 남들은 알지 못하는 비평단과 재판관들 앞에서 칭찬할 부분은 칭찬하고, 잘못된 부분은 날카롭게 질책하는 철저한 반성을 마친 후에 찾아오는 잠은 너무나 평온하고 깊고 고요할 것입니다.

　저 역시도 이러한 자기반성의 시간을 가지면서 매일 밤 나자신을 변론합니다. 제가 불을 *끄고* 잠자리에 누워서 나만의 시간을 갖는다는 사실을 아는 아내가 깊은 잠에 들고 나면, 그날의 일들을 반추하고 오늘 내가 했던 말과 행동들을 하나하나 점검합니다. 스스로를 속이지 않고 소소한 일까지 지나치지 않으려고 애씁니다. 스스로 반성하며 잘못을 인정하기만 하면 될 일인데 굳이 숨길 이유가 있을까요?

　"오늘 일은 특별히 용서하고 지나갈 테니 다시는 그러지 말자. 오늘 토론장에서 내가 지나치게 호전적으로 말을 한 것 같군. 앞으로는 무지한 자들과 애꿎은 말싸움을 하는 건 피해야 겠어. 지금까지 무지하게 살아온 자들이라면 앞으로도 배울 의 지가 없는 것이다. 오늘은 솔직함이 도를 넘은 조언을 한 것이 다. 그 결과, 상대를 좋은 길로 이끌지 못하고 그저 기분만 상하 게 만들었다. 앞으로는 내가 하는 말이 진실인지만 신경 쓰지 말고, 상대가 나의 진실된 충고를 받아들일 여유가 있는지부터 고민해보자."

굳게 마음을 먹고 있다면
화를 참아낼 수 있습니다

저녁 식사 자리에서 누군가 기분 나쁜 농담을 던지거나 당신의 기분을 언짢게 만들어 화를 돋운다면 어떻게 할 것인가요? 애초에 말이 통하지 않는 사람은 피하는 것이 좋습니다. 맨정신일 때도 진지함이라곤 없는 자들인데 술에 취하면 얼마나 무례하게 행동하겠습니까?

재판관이나 부유한 집을 지키는 문지기가 친구를 막아서고 밀쳐낸다면 우리는 친구 편에 서서 분노할 것입니다. 그렇다면 쇠사슬에 묶인 개가 친구에게 짖어도 같이 화를 낼 것인가요? 시끄럽게 짖는 개들에게는 간식을 던져주면 곧바로 잠잠해지기 마련입니다.

그 상황에서 한 걸음 물러나서 웃어넘기세요. 재판관의 집에 한창 재판중인 사람들이 물밀듯이 밀려들면 그 집을 지키는 하인들마저 스스로 대단한 사람이라도 된 것 마냥 콧대를 높입니다. 운 좋게 막대한 부를 축적하고 으리으리한 집에 사는 사람들은 자기 집 문턱을 넘기가 힘들수록 엄청난 부와 권력을 자랑하는 것이라고 생각합니다.

그들은 세상에서 가장 단단한 문은 감옥으로 가는 문이라는 사실을 알지 못합니다. 우리가 세상을 살다 보면 힘들지만 어쩔 수 없이 견뎌야 하는 일들이 있습니다. 한겨울에 날씨가 춥다는 것이 놀랄 일인가요? 배를 타면 멀미를 하는 것은 또 어떤가요? 길거리에서 사람들과 우연히 부딪히는 것은요? 온갖 일들에 굳게 마음을 먹고 있다면 이 정도는 대범하게 참아낼 수 있습니다.

누군가에게 저녁 식사 초대를 받아서 갔는데, 구석자리에 앉게 되었다고 가정해보죠. 우리는 주변에 있는 손님들과 우리를 초대한 주인, 그리고 좋은 자리에 앉은 사람들을 보며 슬슬 부아가 치밀기 시작할 것입니다. 하지만 이건 정말 바보 같은 짓입니다. 어떤 자리에 앉든지 그건 그리 중요한 문제가 아니지 않은가요? 우리가 등에 무엇을 받치고 있느냐에 따라 우리의 인격이 좌우되나요?

때로는 우리가 가진 재능을 하찮은 것처럼 비하한 사람을 향해 눈을 흘길 때도 있습니다. 평생 꽁한 태도로 살 작정인가요? 그렇다면 당신은 엔니우스('라틴 문학의 아버지'라 불리는 고대 로마 초기의 시인-옮긴이)의 시를 좋아하지 않으니 똑같은 이유로 그의 미움을 받아야 마땅할 것입니다. 호르텐시우스(로마의 정치가이자 명연설가이자 변론가-옮긴이)의 연설을 듣고 오류를 하나하나 집어낸다면 그는 당신을 붙잡고 한판 붙자고 덤빌지도 모릅니다. 키케로의 시를 비웃은 적이 있다면 서로 원수가 되어야 마땅합니다.

타인의 화를 진정시키는 법도
알고 있어야 합니다

지금까지 우리는 우리의 마음을 다스리는 법에 대해서 살펴보았습니다. 주로 화를 느끼지 않는 방법, 화를 이기는 법에 관한 내용이었습니다.

그렇다면 이제 다른 사람의 화를 어떻게 진정시킬 수 있는지에 대해서 알아보죠. 스스로 온전하게 살아가는 것뿐만 아니라 타인의 상처도 보듬을 수 있어야 하기 때문입니다.

처음 화가 부글부글 끓어오르는 순간에는 귀에 아무 말도 들리지 않고 광적으로 변하기 때문에 섣부른 위로만으로는 상대의 화가 진정이 되지 않습니다. 그러므로 화난 사람들에게는 자기만의 공간을 주어야 합니다.

그들의 화가 어느 정도 가라앉아야지만 다양한 치료가 가능해집니다. 눈이 탱탱 부어올랐을 때 절대로 눈을 바로 비비면 안 됩니다. 괜히 손을 댔다가는 부기가 더 심해지기 때문입니다. 상처가 잔뜩 성이 나 있을 때도 마찬가지입니다. 병에 걸렸을 때 맨 처음 해야 할 처치는 안정을 찾도록 하는 것입니다.

누군가는 이렇게 반론할 수도 있을 것입니다.
"제풀에 화가 누그러진 후에 이를 다스리려고 하는 게 무슨 큰 효과가 있겠습니까?"

일단 화를 빠르게 가라앉히는 데 도움이 됩니다. 다음으로 다시 화가 솟구치지 않도록 예방해야 합니다. 폭발적인 화의 감정을 달랠 수는 없지만 그 이상 해롭지 않은 것으로는 만들 수는 있습니다. 또한 복수를 위해 사용할 수 있는 무기들을 저만치 치워버릴 수도 있습니다.

상대의 고통에 공감하는 것처럼 함께 분노하면서 우리의 충고가 더 영향력을 가지게 만들 수도 있습니다. 일단 화를 억누르고 시간을 가진다면 곧바로 복수를 감행하지 않도록 막을 수 있는 다양한 방안들을 떠올릴 수 있을 것입니다.

게다가 잠시 화를 누르기 위한 온갖 방법들을 동원할 수도 있습니다. 잔뜩 화가 난 사람들에게 두려움과 수치심을 느끼도록 만들 수도 있습니다. 화의 정도가 약할 경우에는 재미있는 이야기나 소설 같은 것들에 주의를 돌려 들끓는 격정을 잠재울 수도 있습니다.

언젠가 한 의사가 왕의 호출을 받고 공주를 치료하게 되었는데 칼을 대지 않고서는 도무지 다른 치료 방법이 없었다고 합니다. 결국 의사는 날카로운 수술용 칼을 헝겊으로 돌돌 말아서 들고가 부어오른 공주의 가슴에 슬쩍 가져다 댔습니다. 만약 처음부터 칼을 꺼냈다면 공주는 기겁을 한 채 발버둥을 쳤을 것입니다. 하지만 진짜 칼을 대고 수술을 할 줄은 몰랐기 때문에 그런대로 고통을 참아낼 수 있었습니다. 가끔은 속임수를 써야만 제대로 문제를 해결하게 될 때도 있습니다.

Seneca

살아갈 힘을 주는 쇼펜하우어 아포리즘

쇼펜하우어의 인생 수업

아르투어 쇼펜하우어 지음 | 강현규 엮음 | 이상희 옮김 | 값 14,900원

마음의 위기로 현재의 삶이 만족스럽지 않다면, 그래서 행복이란 감정을 느끼기가 어렵다면 이 책을 읽자. 이 책은 대철학자 쇼펜하우어의 행복과 인생의 본질, 인간관계의 본질, 그리고 학문과 독서와 독자적 사고의 본질 등에 대한 직설적인 조언을 담은 인생 지침서다. 이 책에서 만날 수 있는 현명하고 솔직한 직언으로 세상일이 뜻대로 되지 않아 지친 현대인들이 자신의 모습을 되돌아보며 삶을 온전히 살아갈 힘을 얻을 수 있을 것이다.

우리는 어떻게 살아야 하는가

발타자르 그라시안의 인생 수업

발타자르 그라시안 지음 | 정영훈 엮음 | 김세나 옮김 | 15,000원

이 책은 스페인의 대철학자 발타자르 그라시안의 인생에 대한 뛰어난 통찰력과 인간관계의 본질에 대한 직설적인 조언을 담은 인생 지침서다. 발타자르 그라시안은 좋은 사람인 척 살아가기보다는 세상의 본질을 알고 지혜를 갖출 때 내 삶은 행복해진다는 메시지를 전하고 있다. 이 책에서 만날 수 있는 현명하고 솔직한 직언으로 자기 자신의 모습을 되돌아보며 삶을 살아갈 힘을 얻어보자.

자기를 온전히 믿고 살아가라

에머슨의 자기 신뢰

랠프 월도 에머슨 지음 | 황선영 옮김 | 값 12,000원

이 책은 인간이 자기 신뢰를 기초로 행동함으로써 더 나은 성취를 이룰 수 있다는 깊은 통찰이 담긴 에세이다. 에머슨은 '자신을 믿는 사람은 세계에서 가장 강한 사람'이라고 말한다. 자기 신뢰를 실천하면 내 안에 잠들어 있던 놀라운 힘을 발견하게 된다는 것이다. 이 책을 읽는 독자는 자신을 믿고 자신의 능력에 자부심을 가짐으로써 더 큰 성공을 얻고 만족스러운 삶을 살아갈 수 있을 것이다.

무엇을 위해 살고, 무엇을 사랑할 것인가?

위대한 철학자들의 죽음 수업

몽테뉴 외 지음 | 강현규 엮음 | 안해린 외 옮김 | 15,000원

이 책은 위대한 철학자 5인의 '죽음에 대한 생각'을 한 권의 책으로 묶어낸 고전 편역서다. 고대에서부터 현대까지 수많은 철학자들이 답을 찾고자 매달려온 철학적 주제이자, 영원히 풀리지 않을 숙제인 '죽음'에 대한 남다른 고찰이 엿보인다. 책을 관통하는 메시지는 '죽음에 대한 이해를 통해 삶을 더욱 온전히 이해할 수 있다'는 것이다. 철학자들의 인간 본질에 대한 통찰과 지혜가 담긴 죽음 수업은 죽음을 이해하고 현명한 삶을 살게 하는 열쇠가 되어줄 것이다.

주체적이고 행복한 삶을 위한 철학 에세이

세네카의 말

루키우스 안나이우스 세네카 지음 | 정영훈 엮음 | 정윤희 옮김 | 값 16,000원

이 책은 우리의 짧은 인생을 윤택하게 만드는 방법에 대해 알려주는 철학 에세이다. 저자인 세네카는 고대 스토아철학의 대가로 주체적인 삶을 살아야 함을 강조하고, 과거도 미래도 아닌 '지금 이 순간'을 충만하게 사는 것이 중요함을 말한다. 또 이성으로 감정과 욕망을 통제하는 것을 중시하는 스토아학파답게 '화'라는 감정을 적절히 다스려 현인으로 성장하는 법을 제시한다. 위대한 철학가의 가르침에 따라 자신의 삶을 돌아본다면 유한한 삶을 후회 없이 살아가는 방법에 대한 힌트를 얻을 수 있을 것이다.

어떻게 살아야 행복할 수 있는가

톨스토이의 인생론

레프 톨스토이 지음 | 이선미 옮김 | 값 11,000원

레프 톨스토이는 세계적인 대문호이자 위대한 사상가이기도 하다. 그는 인생에 대해 끊임없이 고뇌하고 거기서 얻은 사상을 현실에서 구현하려고 노력했다. 15년에 걸쳐 집필한 결과물이 바로 이 책 『인생론』이다. 이 책은 톨스토이가 직접 쓴 글은 물론이고 동서양을 막론한 수많은 작품과 선집에서 톨스토이가 직접 선별한 내용을 담고 있다. 인생의 지혜를 톨스토이 특유의 짧고 간결한 문장으로 만나볼 수 있을 것이다.

자신과 마주하고 지혜롭게 살아가기

아우렐리우스의 명상록

마르쿠스 아우렐리우스 지음 | 이현우·이현준 편역 | 값 11,000원

마르쿠스 아우렐리우스는 로마제국을 20년 넘게 다스렸던 16대 황제다. 그는 로마에 있을 때나 게르만족을 치기 위해 진영에 나가 있을 때 스스로를 반성하고 성찰하는 내용을 그리스어로 꾸준히 기록했다. 그 결과물이 바로 『명상록』이다. 마음가짐을 어떻게 가져야 하는지, 삶과 죽음에 대한 바람직한 태도는 무엇인지, 변하지 않는 세상의 본질은 무엇인지 등을 들려주고 있어 곱씹고 음미하면서 책장을 넘기게 될 것이다.

소크라테스의 변론·크리톤·파이돈·향연

삶이 흔들릴 때 소크라테스를 추천합니다

플라톤 지음 | 김세나 옮김 | 값 11,500원

서양철학의 근간인 소크라테스는 생전에 단 한 권의 책도 저술하지 않았지만 그의 사상은 수제자인 플라톤의 저서를 통해 후대에 전해지고 있다. 소크라테스의 죽음과 관련된 책들인 『소크라테스의 변론』『크리톤』『파이돈』과 '에로스'를 예찬하는 『향연』은 『플라톤의 대화편』이라고 불리는 25편의 대화편 중 초기와 중기의 저작들이다. 현대의 독자들은 이 책 한 권만 읽으면 소크라테스 사상의 정수를 만끽할 수 있을 것이다.

돈과 인생에 대한 위대한 통찰

벤저민 프랭클린의 부와 성공의 법칙

벤저민 프랭클린 지음 | 강현규 엮음 | 정윤희 옮김 | 값 12,000원

인생에 대한 다양하고 지혜로운 충고들과 어떻게 부자가 될 수 있는지를 알려주는 금언집이다. 이 책은 부자가 되는 방법은 생각보다 어렵지 않으며, 사소한 습관 하나를 바꾸는 것에서 시작할 수 있다고 말한다. 가령 돈을 낭비하는 습관부터 버린다면 지금보다 좀 더 부유할 수 있으며, 저금을 할 줄 모르는 사람은 결코 부자가 될 수 없다는 식이다. 미국인의 '마음의 대통령'인 벤저민 프랭클린이 전해주는 말로 인생에 대한 혜안과 올바른 소비습관을 길러볼 수 있을 것이다.

인생의 짧음과 마음의 평정에 대하여

세네카의 인생론

루키우스 안나이우스 세네카 지음 | 정영훈 엮음 | 정윤희 옮김 | 값 12,000원

고대 스토아철학파의 대가로 불리는 세네카의 산문 『인생의 짧음에 대하여』와 『마음의 평정에 대하여』를 한 권으로 엮었다. 값진 인생을 살기 위한 세네카의 위대한 통찰을 느끼고 싶다면 이 책을 펼쳐보기를 바란다. 편역서라는 책의 특성상 시대적·역사적·문화적으로 지나치게 거리가 먼 부분은 일부 삭제하고 필요한 핵심만 골라 소개했다. 그럼에도 세네카가 독자에게 건네는 깨달음과 그 가치의 탁월함을 느낄 수 있을 것이다.

행복의 비밀을 알려주는 위대한 고전

세네카의 행복론

루키우스 안나이우스 세네카 지음 | 정영훈 엮음 | 정윤희 옮김 | 값 12,000원

삶과 죽음의 의미 그리고 진정한 행복이 무엇인지와 같은 인생의 본질적인 질문을 우리 마음속에 던져주는 책이다. 세네카의 주옥같은 글들을 읽다 보면 지금 나에게 닥친 여러 가지 고민들을 딛고 일어설 수 있는 용기와 깨달음을 얻을 수 있다. 가끔 내가 가진 행복이 남들보다 작은 것 같아서 속상할 때, 급작스럽게 찾아온 고난을 이기지 못해 좌절할 때 이 책을 한번 읽어보자.

치솟는 화에 맞서 내 영혼을 지키는 법

세네카의 화 다스리기

루키우스 안나이우스 세네카 지음 | 강현규 엮음 | 정윤희 옮김 | 값 12,000원

세네카의 책이 쓰인 지 2천 년이 넘는 세월이 흘렀지만 현대인들은 여전히 자신의 화를 통제하지 못하고 많은 문제에 휩싸인 채 살아간다. 세네카는 이 책을 통해 인간에게 화가 왜 불필요한지, 화라는 감정의 실체는 무엇인지, 화의 지배에서 벗어나 화를 통제하고 다스리는 법은 무엇인지를 다양한 예화를 곁들여 이야기한다. 별것 아닌 일에 쉽게 욱하고, 돌아서면 후회할 일에 쉽게 화를 내는 사람들에게 이 책을 권한다.

리더십과 인간의 진실은 무엇인가

마키아벨리의 군주론

니콜로 마키아벨리 지음 | 김경준 해제 | 서정태 옮김 | 값 12,000원

누구나 잘 알지만 읽지 못했거나 혹은 오해와 편견으로만 대했던 불멸의 고전인 『군주론』이 리더십의 정수를 꿰뚫는 인문서로 다시 태어났다. 완독과 의미 파악이 쉽지 않았던 원문을 5개의 테마로 나누어 새롭게 재편집했으며, 마키아벨리의 추종자임을 자처하는 딜로이트 컨설팅 김경준 대표가 해제를 더했다. 이 책은 인간이 살아가는 현실에 대한 귀중한 통찰력의 원천이 될 것이다.

인간에 대한 위대한 통찰

몽테뉴의 수상록

몽테뉴 지음 | 정영훈 엮음 | 안해린 옮김 | 값 12,000원

가볍지도 과하지도 않은 무게감으로 몽테뉴는 세상사의 다양한 주제들에 대해 본인의 견해를 자신 있고 담담하게 풀어낸다. 이 책을 읽으며 나의 판단이 바른지, 내가 지금 제대로 살고 있는지, 앞으로 어떻게 살아야 하는지 등을 수없이 자문해보자. 원초적인 동시에 삶의 골자가 되는 사유를 함으로써 의식을 환기하고 스스로를 성찰하며 인생 전반에 대해 배우는 계기가 될 것이다.

인생을 어떻게 살아야 할 것인가

에픽테토스의 인생을 바라보는 지혜

에픽테토스 지음 | 강현규 엮음 | 키와 블란츠 옮김 | 값 12,000원

내면의 자유를 추구했던 에픽테토스의 철학과 통찰을 담았다. 현실에 적용 가능한 구체적이고 실천적인 에픽테토스의 철학을 내면에 습득해 필요한 상황이 올 때마다 반사작용처럼 적용할 수 있다면, 그 어떤 역경과 어려움 앞에서도 굴하지 않고 꿋꿋하게 살아남아 최후의 승리자가 될 수 있을 것이다. 현실에 좌절하고 힘들어하는 모든 현대인들에게 에픽테토스의 철학이 담긴 이 책을 권한다.

복잡한 세상이 술술 읽히는 세상의 모든 TOP 10

벌거벗은 교양

지식스쿨 지음 | 18,000원

구독자 29만 명에 조회수 1억 회를 기록한 화제의 유튜브 채널 〈지식스쿨〉을 책으로 만난다. 〈지식스쿨〉은 역사·문화·사회·과학·정치·경제 등을 넘나드는 다양한 인문학적 지식을 TOP 10 형식으로 재미있게 풀어준다. 기존의 나열식 방식이 아닌 순위로 구분해 설명하기 때문에 호기심을 자극해 내용에 더 집중하게 된다. TOP 10 콘텐츠 중에서도 각별히 사람들의 큰 관심을 받았던 내용을 엄선해 묶었다.

■ 독자 여러분의 소중한 원고를 기다립니다

메이트북스는 독자 여러분의 소중한 원고를 기다리고 있습니다. 집필을 끝냈거나 집필중인 원고가 있으신 분은 khg0109@hanmail.net으로 원고의 간단한 기획의도와 개요, 연락처 등과 함께 보내주시면 최대한 빨리 검토한 후에 연락드리겠습니다. 머뭇거리지 마시고 언제라도 메이트북스의 문을 두드리시면 반갑게 맞이하겠습니다.

■ 메이트북스 SNS는 보물창고입니다

메이트북스 홈페이지 matebooks.co.kr

책에 대한 칼럼 및 신간정보, 베스트셀러 및 스테디셀러 정보뿐만 아니라 저자의 인터뷰 및 책 소개 동영상을 보실 수 있습니다.

메이트북스 유튜브 bit.ly/2qXrcUb

활발하게 업로드되는 저자의 인터뷰, 책 소개 동영상을 통해 책에서는 접할 수 없었던 입체적인 정보들을 경험하실 수 있습니다.

메이트북스 블로그 blog.naver.com/1n1media

1분 전문가 칼럼, 화제의 책, 화제의 동영상 등 독자 여러분을 위해 다양한 콘텐츠를 매일 올리고 있습니다.

메이트북스 네이버 포스트 post.naver.com/1n1media

도서 내용을 재구성해 만든 블로그형, 카드뉴스형 포스트를 통해 유익하고 통찰력 있는 정보들을 경험하실 수 있습니다.

STEP 1. 네이버 검색창 옆의 카메라 모양 아이콘을 누르세요. STEP 2. 스마트렌즈를 통해 각 QR코드를 스캔하시면 됩니다. STEP 3. 팝업창을 누르시면 메이트북스의 SNS가 나옵니다.